TRAINING

Hauptschule / Realschule / Gesamtschule

Deutsch 6. Klasse

Marion von der Kammer

STARK

1. Auflage 2007

Inhalt

Autorin: Marion von der Kammer
Illustrationen: Friederike Großekettler

Hinweise zur Plattform MySTARK

Arbeitest du gerne am **Computer** oder **Tablet**?
Die Aufgaben dieses Buches stehen dir auch digital zur Verfügung. Auf der Umschlaginnenseite findest du einen **Link** zu der Plattform **MySTARK** und deinen persönlichen **Code**, mit dem du Zugriff auf die interaktiven Aufgaben hast.

Die Plattform **MySTARK** bietet dir:

Viele **interaktive Aufgaben**, die du direkt am Computer oder Tablet bearbeiten kannst. Diese werden sofort ausgewertet, sodass du gleich eine Rückmeldung erhältst, wie gut du deine Sache gemacht hast.

Ein digitales Glossar zum schnellen Nachschlagen der **wichtigsten Fachbegriffe**.

Vorwort

Liebe Schülerin, lieber Schüler,

mit diesem Buch kannst du den **Stoff der 6. Klasse trainieren** und wirst so fit in Deutsch. Das Buch besteht aus fünf Teilen:

- Zu Beginn findest du einen **Kompetenzcheck**. Mit ihm kannst du stets deinen aktuellen Leistungsstand festhalten und siehst so auf einen Blick, welche Bereiche du schon bearbeitet hast.
- In den **10 Kapiteln** erwarten dich vielfältige **Texte und Aufgaben** zu allen Bereichen des Deutschunterrichts. Die **Merkkästen** liefern dir das nötige Basiswissen und geben hilfreiche Erklärungen mit Beispielen.
  Zum Trainieren der verschiedenen **Grundkompetenzen** bestehen die einzelnen Kapitel aus diesen Abschnitten:
  - *Textsorten kennen* (Textsorten und ihre Merkmale)
  - *Lesestrategien entwickeln* (Verfahren zum cleveren Umgang mit Texten)
  - *Den Text verstehen* (Leseverstehen)
  - *Die Sprache untersuchen* (Wortarten, Satzbau, Satzarten)
  - *Richtig schreiben* (Rechtschreibung und Zeichensetzung)
  - *Sich schriftlich äußern* (Verfassen von eigenen Texten)

  Schwierigere Aufgaben sind mit diesem Symbol gekennzeichnet. Wenn du sie lösen kannst, hast du schon große Fortschritte gemacht.

  Du hast zwei Möglichkeiten, die Aufgaben zu bearbeiten: Entweder du löst sie **handschriftlich** oder auf **MySTARK**.
- Am Ende kannst du mit dem **Abschlusstest** dein Können in Deutsch unter Beweis stellen. Das Ergebnis zeigt dir, ob du die Kapitelinhalte insgesamt gut verstanden hast.
- Anhand der **Lösungen** überprüfst du, wie erfolgreich du gearbeitet hast. Sieh aber erst nach, wenn du versucht hast, die Aufgabe selbstständig zu lösen!
- Die wichtigsten **Fachbegriffe** schließen das Buch ab. Hier oder im digitalen Glossar kannst du nachschlagen, wenn du etwas nicht verstehst oder vergessen hast.

Viel Spaß und Erfolg beim Üben wünscht dir

Marion von der Kammer

Das kann ich! – Dein Kompetenzcheck

Anhand des Kompetenzchecks kannst du deine Fähigkeiten **selbstständig überprüfen**. Auf diese Weise erkennst du deine **Stärken und Schwächen** – und das ist wichtig für deinen Lernprozess. Denn nur wenn du dich selbst richtig einschätzt, kannst du gezielt das üben, was dir noch Schwierigkeiten bereitet, und dich verbessern.

Geordnet nach den großen Bereichen im Fach Deutsch – **Lesen, Schreiben, Sprachwissen** – führt die Checkliste alle im Buch behandelten Teilkompetenzen auf (z. B. „Schlüsselwörter erkennen“, „Das Passiv“).

Am besten gehst du so mit dem Kompetenzcheck um:

- Zuerst bearbeitest du in einem Kapitel einen bestimmten Abschnitt.
- Anschließend überprüfst du mithilfe der Lösungen, welche Aufgaben du richtig gemacht hast.
- Danach nimmst du deine Selbsteinschätzung in der entsprechenden Teilkompetenz vor:

Das kann ich gut und sicher.
Alle deine Lösungen sind richtig.
→ Du kannst dich gleich dem nachfolgenden Abschnitt zuwenden.

Hier bin ich nicht immer ganz sicher.
Du hast hin und wieder einen Fehler gemacht.
→ Sieh dir noch mal gezielt die Aufgaben an, die du falsch gelöst hast, und versuche zu verstehen, warum eine andere Lösung richtig ist.

Das habe ich anscheinend noch nicht richtig verstanden.
Viele deiner Lösungen sind falsch.
→ Lies in dem Kapitel noch einmal gründlich den entsprechenden Erklärungstext durch. Löse danach die zugehörigen Aufgaben ein zweites Mal.

- So gehst du Abschnitt für Abschnitt vor – bis du alle Kapitel behandelt hast.

Auf diese Weise erhältst du eine **Übersicht** über die von dir bearbeiteten Kapitel und Aufgaben und über deine Kenntnisse auf den jeweiligen Gebieten.

Lesekompetenz	Seite(n)	🙂	😐	🙁
Textsorten kennen				
Sachtext	2, 17, 115	☐	☐	☐
Erzählung	35 f., 86	☐	☐	☐
Fantasieerzählung	128	☐	☐	☐
Fabel	74 f.	☐	☐	☐
Sage	102	☐	☐	☐
Gedicht	50	☐	☐	☐
Dialog	63	☐	☐	☐
Lesestrategien entwickeln				
Sich einen Überblick verschaffen	3	☐	☐	☐
Den Aufbau eines Textes untersuchen	36	☐	☐	☐
Fragen an den Text stellen	115 f.	☐	☐	☐
Schlüsselwörter erkennen	129	☐	☐	☐
Aussagen zuordnen	50 f.	☐	☐	☐
Behauptungen und Begründungen unterscheiden	64	☐	☐	☐
Unklarheiten mithilfe des Textzusammenhangs klären	103	☐	☐	☐
Eigene Erfahrungen berücksichtigen	17	☐	☐	☐
Zusätzliche Informationen einbeziehen	87	☐	☐	☐
Eine Lehre verstehen	75 f.	☐	☐	☐

Sprachkompetenz

	Seite(n)	🙂	😐	🙁
Die Sprache untersuchen				
Das Wörterbuch	5–9	☐	☐	☐
Wortarten *Präposition* *Adjektiv* *Konjunktion*	 21, 25–28 39 68 f.	☐	☐	☐
Die Kasus (Fälle)	22–29	☐	☐	☐
Satzglieder *Subjekt* *Objekt* *Prädikat* *Adverbiale*	 39 f. 40 f. 42 132 f.	☐	☐	☐
Satzglieder erkennen *Weglassprobe* *Umstellprobe*	134–137	☐	☐	☐
Relativsätze	80 f.	☐	☐	☐
Tempora *Präsens und Präteritum* *Zeitformen der Vergangenheit* *Futur*	 52 91–94 106–108	☐	☐	☐
Der Imperativ	53 f.	☐	☐	☐
Das Passiv	119–122	☐	☐	☐
Bildhaftes Sprechen *Sprachliche Bilder* *Redensarten*	55 f.	☐	☐	☐

Schreibkompetenz

	Seite(n)			
Richtig schreiben				
Die Buchstabenschrift	10	☐	☐	☐
Umgang mit dem Wörterbuch	10 f.	☐	☐	☐
Wortverwandtschaften nutzen	71	☐	☐	☐
Vorsilben als Schreibhilfe	42 f., 45	☐	☐	☐
Groß- und Kleinschreibung *Nominalisierungen* *Begleitwörter zuordnen* *Endungen als Schreibhilfe* *Erweiterungsprobe*	 30 f. 31 46 44	☐	☐	☐
Lang gesprochene Vokale richtig schreiben *Doppelvokal* *Dehnungs-h* *i-Laut*	95–97	☐	☐	☐
Kurz gesprochene Vokale richtig schreiben	138	☐	☐	☐
Spezialfall s-Laute	139	☐	☐	☐
„das“ und „dass“ unterscheiden	109–111	☐	☐	☐
Wörter aus dem Griechischen und dem Lateinischen richtig schreiben	123	☐	☐	☐
Zeichensetzung *Satzschlusszeichen* *Wörtliche Rede* *Satzgrenzen* *Worttrennung am Zeilenende*	 57 58 f. 70, 82 f. 123 f.	☐	☐	☐

	Seite(n)			
Sich schriftlich äußern				
Vor- und Nachteile abwägen	12–14	☐	☐	☐
Eine andere Person überzeugen	32	☐	☐	☐
Durch Schreiben über eine Frage nachdenken	140	☐	☐	☐
Eine Geschichte weitererzählen	47	☐	☐	☐
Eine Nacherzählung schreiben	112	☐	☐	☐
Nach „Reizwörtern“ eine Geschichte erzählen	97 f.	☐	☐	☐
Einen Dialog schreiben	72	☐	☐	☐
Eine E-Mail schreiben	60	☐	☐	☐
Einen Text umgestalten	84	☐	☐	☐
Einen Text beurteilen	124	☐	☐	☐

Texte und Aufgaben

Kapitel 1: Das Morsealphabet

Die Schrift ist eine tolle Erfindung, aber es gibt einige Bereiche des Lebens, in denen wir Nachrichten nicht mit unserer Buchstabenschrift übermitteln können. Als zum Beispiel die Telegrafie erfunden wurde, stand man vor der Schwierigkeit, Nachrichten durch ein Kabel zu senden. Doch durch eine elektrische Leitung kann man nur Strom schicken und keine Buchstaben. Da fand vor nahezu 170 Jahren Samuel Morse, ein Kunstmaler aus Amerika, einen Ausweg: Er ersetzte die Buchstaben durch kurze und lange Stromstöße. Das A wird mit einem kurzen und danach einem langen Stromstoß „übersetzt". Das B ist lang und dreimal kurz.

Auch als es im Jahr 1901 zum ersten Mal gelang, ein Funksignal von Europa nach Nordamerika ganz ohne Draht zu senden, schickte der Erfinder der drahtlosen Telegrafie, der Italiener Guglielmo Marconi, als Erstes den Morsebuchstaben s (dreimal kurz) über den Atlantik.

Das Morsealphabet

a	·–	n	–·
b	–···	o	–––
c	–·–·	p	·––·
d	–··	q	––·–
e	·	r	·–·
f	··–·	s	···
g	––·	t	–
h	····	u	··–
i	··	v	···–
j	·–––	w	·––
k	–·–	x	–··–
l	·–··	y	–·––
m	––	z	––··

Die drahtlose Telegrafie wurde auch auf Schiffen angewandt. Bei Seenot konnte der Funker an Bord benachbarte Schiffe zur Hilfe herbeimorsen. Deshalb war die wichtigste Morsebotschaft das SOS – dreimal kurz, dreimal lang, dreimal kurz. Es wurde zum einen deshalb gewählt, weil es die Abkürzung für den englischen Ausdruck „save our souls" (Rettet unsere Seelen) ist, aber auch, weil diese Morsezeichen selbst bei schlechtem Empfang noch recht gut zu erkennen sind.

Das Zeichen SOS wurde auf hoher See zum ersten Mal in der Nacht vom 14. auf den 15. April 1912 ausgesendet. In dieser Nacht stieß die „Titanic", ein Luxusschiff, das auf dem Weg von England nach Amerika war, mit einem Eisberg zusammen und lief innerhalb der nächsten drei Stunden voll Wasser. Die SOS-Rufe wurden zwar von anderen Schiffen empfangen, doch sie waren zu weit entfernt. Als sie zu Hilfe kamen, war das Schiff bereits gesunken. Etwa 1 500 Menschen verloren bei dieser Katastrophe ihr Leben.

Heute kann man Sprache und sogar Bilder viel besser über Funk übermitteln, wie wir von Radio und Fernsehen wissen. Das Morsealphabet kommt langsam aus der Mode. Trotzdem könnt ihr es nutzen, um euch zum Beispiel mit Taschenlampen nachts über große Entfernungen zu unterhalten.

Guglielmo Marconi (1874–1937) mit typischen Geräten für die drahtlose Telegrafie

Textsorten kennen

Der Sachtext

- Jeder Sachtext informiert über einen **Sachverhalt**, den es tatsächlich gibt – oder einmal gegeben hat. Das können ganz unterschiedliche Sachverhalte sein: das Leben einer berühmten Person, ein Unfall, die Entwicklung der Menschheit, ein geschichtliches Ereignis, eine technische Erfindung usw.
- Fast alle Sachtexte enthalten **allgemeine Aussagen** und **Beispiele**. Allgemeine Aussagen informieren über Grundsätzliches; du findest dort die **wesentlichen Informationen**. Beispiele verweisen auf Dinge, die dazu passen und die der Leser kennt. Sie dienen der **Veranschaulichung**.

1 a Unterstreiche im ersten Absatz eine **allgemeine Aussage**.

b Nimm nun eine andere Farbe und unterstreiche ein **Beispiel**.

2 Unterstreiche im Text zwei weitere **allgemeine Aussagen**.

Lesestrategien entwickeln

Sich einen Überblick verschaffen

Verschaffe dir beim ersten Lesen einen **Überblick über den Inhalt**. Dann kannst du anschließend die Einzelinformationen besser zuordnen. Gehe so vor:

- Überfliege den Text einmal kurz und stelle dir anschließend die Frage: **Worum geht es?**
- Bestimme das **Thema** genauer. Achte darauf, dass es zum **ganzen Text** passt.

3 Worum geht es in dem Text über das Morsealphabet? Kreuze an.

Es geht um …

- ☐ einen amerikanischen Kunstmaler, der das Morsealphabet erfunden hat.
- ☐ den Zeitpunkt, wann die erste Morsebotschaft über den Atlantik gesendet wurde.
- ☐ die Erklärung, warum die Erfindung des Morsealphabets sinnvoll war.
- ☐ die Frage, warum die „Titanic“ trotz der gesendeten SOS-Botschaft gesunken ist.

Den Text verstehen

4 Welches Problem hatte man zu Beginn des 19. Jahrhunderts, wenn man Nachrichten mit einem Kabel übermitteln wollte?

____

____

5 Wie heißt der Erfinder des Morsealphabets?

____

6 Erkläre, wie das Morsealphabet funktioniert.

____

____

7 Was änderte sich 1901 beim Versenden von telegrafischen Nachrichten?

____

8 In welchem Bereich wurde das Morsealphabet lange Zeit benutzt?

____

9 Wie sieht die Morsebotschaft SOS aus? Schreibe sie auf.

____

10 Warum wurde die Botschaft SOS zur wichtigsten Morsebotschaft? Nenne zwei Gründe.

- ______________________________
  ____
- ______________________________
  ____

11 Wann wurde die SOS-Botschaft zum ersten Mal verwendet? Nenne das Datum. Antworte in einem ganzen Satz.

____

12 Warum hat der „Titanic“ das Senden der SOS-Botschaft nicht geholfen? Kreuze an.

- ☐ Es waren keine Schiffe in der Nähe.
- ☐ Der Funkkontakt hat nicht funktioniert.
- ☐ Der Zusammenstoß mit dem Eisberg wurde zu spät bemerkt.
- ☐ An Bord herrschte ein zu großes Chaos.

13 Erkläre, warum das Morsealphabet langsam aus der Mode kommt.

____

____

14 Nenne ein Beispiel, wofür du das Morsealphabet auch heute noch benutzen könntest.

____

____

15 Das hat der Funker der sinkenden „Titanic“ damals in die Welt gefunkt:

··· ––– ···

·–– ·· ·–·   ···· ·– –··· · –·   · ·· –· · –·
· ·· ··· –··· · ·–· ––·   ––· · ·–· ·– –– –– –

··· ·· –· –·– · –·   ··· –·–· ···· –· · ·–·· ·–··

–·– ––– –– –– –   ··– –· ···   –––·· ··–
···· ·· ·–·· ··–· ·

Übersetze den Funkspruch der „Titanic“ in unsere Buchstabenschrift.

Die Sprache untersuchen

Die Wörter im Wörterbuch (1)

Im Wörterbuch findest du die Wörter immer nur in der **Grundform:**

- **Nomen** stehen im **Singular**.
- **Verben** stehen im **Infinitiv**.
- **Adjektive** stehen im **Positiv**.

Nomen und **Adjektive** stehen außerdem nur im **1. Fall**, also im **Nominativ** (vgl. S. 22).

Beispiele:

So steht es nicht im Wörterbuch:	*So steht es im Wörterbuch:*
Schiffe	Schiff
größer	groß
kam	kommen

16 Notiere, in welcher Form die unterstrichenen Wörter im Wörterbuch stehen.

Die drahtlose Telegrafie wurde auch auf Schiffen angewandt. Bei Seenot konnte der Funker benachbarte Schiffe mithilfe des Morsealphabets benachrichtigen. Aber wenn die Entfernung zu groß war, kam trotzdem jede Hilfe zu spät. Das war auch bei der „Titanic“ der Fall. Als das Luxusschiff mit einem Eisberg zusammengestoßen war, wurde der Hilferuf zwar von anderen Schiffen empfangen. Doch als sie den Unglücksort erreichten, war die „Titanic“ schon gesunken.

Die Wörter im Wörterbuch (2)

Das Wörterbuch nennt nicht nur die **richtige Schreibweise** eines Wortes, sondern gibt auch **zusätzliche Informationen**, z. B.:

- Hinweis zur **Aussprache** anhand von Sonderzeichen (z. B. ŋ für *ng*),
- wichtige **grammatische Formen** (vor allem bei Nomen, Adjektiven und Verben),
- Angaben zur **Herkunft** (bei Wörtern aus einer anderen Sprache),
- eine kurze **Erklärung der Bedeutung** (bei schwierigen Wörtern),
- **Beispiele** für die Verwendung.

Bei diesen Zusatzinformationen werden oft **Abkürzungen** verwendet (z. B. *ugs.* für *umgangssprachlich*). Einen Überblick über Sonderzeichen und Abkürzungen findest du auf den ersten Seiten des Wörterbuchs.

17 Erkläre, welche Informationen du bei diesen Wörterbucheinträgen erhältst.

a **Maniküre:** *(frz.)* Handpflege

____

b **Fummel:** *ugs. für* billiges Kleid

____

c **permanent:** *(lat.)* ununterbrochen, ständig

____

d **fuscheln:** *landsch. für* rasch hin- u. herbewegen

____

e **gelackt:** vgl. lacken

____

f **Hader:** *geh. für* Zank, Streit

____

g **Pfründe:** Einkommen durch ein Kirchenamt; *auch scherzh. für* (fast) mühe-loses Einkommen

____

h **cool:** *ugs. für* ruhig, überlegen, kaltschnäuzig; *Jugendspr. für* hervorragend, super

____

Das Nomen im Wörterbuch

Bei Nomen können der Reihe nach die folgenden Informationen gegeben werden:

1 Hinweis zur **Aussprache**
2 grammatisches **Geschlecht**
3 Form des **Genitivs**
4 Form des **Plurals**
5 **Herkunft**
6 **Bedeutung**
7 Beispiel für die **Verwendung**

Beispiel: 1 2 3 4 5 6

Interview [...vju:], das; -s, -s (engl.) (Unterredung [von Reportern] mit [führenden] Persönlichkeiten über Tagesfragen usw.; Befragung); ein - durchführen, ein - geben

7

18 Erkläre, was die Informationen bei den folgenden Nomen bedeuten.

a **Schiff**, das; -[e]s, -e

b **Kapitän**, der; -s, -e *(ital., franz.)*

c **Alphabet**, das; -[e]s, -e (Abc)

d **Nachricht**, die; -, -en

e **Signal** (auch: ziŋ'nal), das; -s, -e *(lat.)* (Zeichen mit festgelegter Bedeutung; [Warn]zeichen)

f **Zeichen**, das; -s, -; Zeichen setzen

Das Adjektiv im Wörterbuch

- Bei einigen Adjektiven werden zusätzlich die unregelmäßigen Formen des **Komparativs** und des **Superlativs** genannt.
  Beispiele: **alt**, älter, älteste
  jung, jünger, jüngste
- Einige Steigerungsformen sind sogar vollkommen unregelmäßig.
  Beispiel: **gut**, besser, beste

19 Schreibe die Formen des Komparativs und des Superlativs auf. Überprüfe deine Lösungen anschließend anhand eines Wörterbuchs.

Positiv (Grundform)	Komparativ	Superlativ
nah	*näher*	*am nächsten*
lang		
gern		
krank		
dumm		
kalt		
kurz		
hoch		
gut		
stark		

Das Verb im Wörterbuch

Bei Verben findest du in der Regel nach dem **Infinitiv** zusätzlich diese Formen:

1 Präsens, 2. Person Singular
2 Präsens, 3. Person Singular
3 Präteritum, 2. Person Singular
4 Präteritum, 3. Person Singular
5 Partizip Perfekt (z. B. *genannt, bearbeitet, angetrieben*)
6 Imperativ (Befehlsform, vgl. S. 53)

Beispiel: 1 2 3 4 5 6

fragen, du fragst, er fragt; du fragtest, er fragte; gefragt, frag[e]

20 Unterstreiche bei den folgenden Verben die Formen des **Präteritums**.

a **laufen**, du läufst, er läuft; du lief[e]st, er lief; gelaufen; lauf[e]!

b **kommen**, du kommst, er kommt; du kamst, er kam; gekommen; komm[e]!

c **gehen**, du gehst, er geht; du gingst, er ging; gegangen; geh[e]!

d **essen**, du isst, er isst; du aßest, er aß; gegessen; iss!

e **schwimmen**, du schwimmst, er schwimmt; du schwammst, er schwamm; geschwommen; schwimm[e]!

21 Unterstreiche jeweils den **Imperativ** (die Befehlsform).

a **schreiben**, du schreibst, er schreibt; du schriebst, er schrieb; geschrieben; schreib[e]!

b **lesen**, du liest, er liest; du lasest, er las; gelesen; lies!

c **sehen**, du siehst, er sieht; du sahst, er sah; gesehen; sieh[e]!

d **vergessen**, du vergisst, er vergisst; du vergaßest, er vergaß; vergessen; vergiss!

e **sprechen**, du sprichst, er spricht; du sprachst (sprachest), er sprach; gesprochen; sprich!

Richtig schreiben

Die Buchstabenschrift

In der Buchstabenschrift ist jedem **Laut** ein **Buchstabe** zugeordnet. Beim Schreiben müssen wir die einzelnen Laute, aus denen ein Wort besteht, in Buchstaben „übersetzen". Dabei gibt es ein paar Probleme:

- Es gibt **mehr Laute als Buchstaben**. Das bedeutet: Unsere Buchstaben reichen nicht aus. So wird dieses Problem gelöst:
  - Wir verwenden ein und **denselben Buchstaben** für **verschiedene Laute**.
    Beispiel: Der Buchstabe *e* klingt in verschiedenen Wörtern unterschiedlich (z. B. Segen: Das erste *e* wird lang gesprochen, das zweite kurz).
  - Wir fassen **zwei oder mehr Buchstaben** zu einer **Gruppe** zusammen, um einen Laut zu verschriftlichen, für den es keinen eigenen Buchstaben gibt.
    Beispiele: Schule, rechnen
- Ein und **dieselben Laute** werden mit **unterschiedlichen Buchstaben** geschrieben.
  Beispiele: Feder – Vater, Wagen – Vase, Schuh – Stuhl (sprich: Schtuhl), Hexe – Klecks

Hinweis: Für dich bedeutet das: Du darfst dich nicht allein auf dein Gehör verlassen. Die richtige Schreibweise einiger Wörter musst du lernen.

22 Markiere in den folgenden Wörtern diejenigen Konsonanten, für die man auch andere Buchstaben verwenden könnte.

Hinweis: Es wäre natürlich falsch, diese Wörter mit anderen Buchstaben zu schreiben! Es ist aber gut, wenn du die möglichen „Zweifelsstellen" kennst.

Alphabet – Beispiel – Ausweg – Luxusschiff – stieß – Eisberg – Funk – Wind

Sich im Wörterbuch zurechtfinden

- Die Wörter im Wörterbuch sind **alphabetisch** angeordnet. Ein Wort, das mit dem Buchstaben A beginnt, steht im Wörterbuch vor einem Wort, das mit dem Buchstaben B, C oder D … beginnt.
- Wenn Wörter mit dem **gleichen Anfangsbuchstaben** beginnen, richtet sich die Reihenfolge nach dem **zweiten Buchstaben**. Wenn auch die zweiten Buchstaben gleich sind, musst du auf den **dritten Buchstaben** achten usw.
- Bei der Suche im Wörterbuch helfen die **Leitwörter**, die jeweils **oben links und rechts** auf den Seiten stehen. Das Leitwort oben links ist das erste Stichwort auf dieser Seite; das Leitwort oben rechts ist das letzte Stichwort rechts unten.
  Beispiel: Du findest das Wort „offen" auf den Seiten mit den Leitwörtern „Obstsaft" und „Ohrenkriecher". Es liegt irgendwo zwischen diesen beiden Wörtern.

23 Trage die folgenden Wörter zwischen die passenden Leitwörter ein.

Boss – brav – Film – Betrug – Fundbüro – Beginn – Auge

a	Boxer	______________	breitschlagen
b	aufreiben	______________	Aula
c	bedrückt	______________	Beherrschung
d	Bestallung	______________	Bettruhe
e	Fiedel	______________	fischen
f	Frottee	______________	Funkwesen
g	Bonner	______________	Boxenstopp

24 „Das Wort *fertig* steht gar nicht im Wörterbuch!“, empört sich Timo. „Das kann nicht sein!“, antwortet sein Lehrer. Der Lehrer hat recht.
Finde eine Erklärung dafür, dass Timo das Wort nicht im Wörterbuch findet.

____

____

25 Überprüfe mithilfe des Wörterbuchs die Schreibweise der Wörter im folgenden Text. Unterstreiche falsch geschriebene Wörter und notiere ihre richtige Schreibweise in der Grundform. Ergänze bei Nomen auch den Artikel.
Hinweis: Du musst noch die Schreibweise von zehn Wörtern korrigieren.

Zwei Schiffe können nicht nur per Vunk miteinan-	Funk, der
der Kontackt aufnehmen, sondern sie können sich	______________
auch auf andere Waise miteinander verstendigen.	______________
Beispielsweise gipt es auch die Möglichkeid, sich	______________
mithilfe von Flaggen Nachrichten zu senden.	______________
Dann helt ein Matrose in jeder Hand eine Flagge	______________
und stregt beide Arme zur Seite. Nun bewekt er die	______________
Flaggen. Jedem Buchstaben des Alfabets entspricht	______________
eine bestimmte Ställung der Flaggen.	______________

Sich schriftlich äußern

Vor- und Nachteile abwägen

Manchmal musst du **Entscheidungen treffen**, bei denen Vor- und Nachteile abzuwägen sind. Am besten gehst du dann so vor:

- Nimm ein leeres Blatt und richte darauf **zwei Spalten** ein – die erste Spalte für die **Vorteile** und die zweite für die **Nachteile**. Trage nun deine Ideen passend ein.
- Berücksichtige zunächst die **Situation**. Stelle dir diese Fragen:
  - Welches **Ziel** verfolgst du?
  - **Wen** betrifft die Entscheidung?
  - **Wann** soll etwas geschehen?
  - Mit welchen **Folgen** ist zu rechnen?
- Berücksichtige außerdem folgende **Gesichtspunkte:**
  - **Die Zeit:** Was geht schneller? Was dauert länger?
  - **Das Geld:** Was kostet viel Geld? Was ist billig?
  - **Die Arbeit:** Was geht leicht? Was erfordert Mühe?
  - **Die Wirkung:** Wie werden andere Menschen reagieren?

26 Du kannst auf unterschiedliche Art mit einer Person Kontakt aufnehmen:

- Du gehst zu ihr hin und sprichst direkt mit ihr.
- Du benutzt das Telefon und rufst die Person an.
- Du sendest ihr eine E-Mail.
- Du schickst ihr einen Brief.
- Du sendest ihr eine Kurznachricht mit dem Handy.

Trage die Vor- und Nachteile der verschiedenen Arten der Kontaktaufnahme stichwortartig in die Tabellen ein.

a Zu einer Person hingehen und direkt mit ihr sprechen:

Mögliche Vorteile	Mögliche Nachteile

b Die Person anrufen:

Mögliche Vorteile	Mögliche Nachteile

c Der Person eine E-Mail senden:

Mögliche Vorteile	Mögliche Nachteile

d Der Person einen Brief schicken:

Mögliche Vorteile	Mögliche Nachteile

e Der Person eine Kurznachricht senden:

Mögliche Vorteile	Mögliche Nachteile

27 Überlege nun für jede Möglichkeit je ein Beispiel und begründe deine Entscheidung ausführlich (→ Heft).

a Wann würdest du zu einer Person hingehen und direkt mit ihr sprechen?

b Wann würdest du eine Person anrufen?

c Wann würdest du einer Person eine E-Mail senden?

d Wann würdest du einer Person einen Brief schicken?

e Wann würdest du einer Person eine SMS senden?

Kapitel 2: Wie es früher in der Schule zuging

Erst vor hundert Jahren wurde der Schulbesuch verbindlich und für alle Pflicht. Das Komische war: Gerade diejenigen, denen die Schule besonders nützen sollte, die Landbevölkerung, wehrten sich heftig dagegen. Warum nur? Wollten die Bauern etwa nicht, dass ihre Kinder lesen und schreiben lernten? Es hatte einen anderen Grund: Die Schule stahl den Eltern die Kinder. Die Eltern brauchten sie aber als Arbeitskräfte, als Hilfen bei der Feld- und Erntearbeit. Und wozu sollten die Kinder unnütz in der Schule herumsitzen, wenn sie sowieso Bauern werden sollten wie die Eltern?

Gemessen an der schweren Feldarbeit, ähnelte die Schule für die Kinder damals schon ein bisschen dem Faulsein und war geradezu erholsam. Ob die Kinder deshalb gerne in die Schule gingen, ist jedoch noch lange nicht gesagt. Die Schule war aber eine Möglichkeit, von zu Hause wegzukommen, wo nicht selten zehn und mehr Geschwister auf engstem Raum und unter der Knute eines gewalttätigen Vaters lebten. Die Schule war so gesehen das kleinere Übel.

In den Klassen tummelten sich manchmal 200 Kinder. In den Zwergschulen auf dem Land saßen Kinder jeden Alters in einem Raum. Die Lehrer oder die Lehrerinnen waren hier mehr Dompteure als Erzieher. Sie hatten auch nicht an der Universität studiert wie die Lehrer heute. Meist gingen sie im Alter von sechzehn Jahren auf eine Lehrerschule. Ein Jahr Ausbildung genügte, und schon wurden sie auf die Kinder losgelassen. Neben der Schule mussten sie auch noch anderen Tätigkeiten nachgehen, sonst wären sie verhungert. Da sie die seltene Fähigkeit zum Schreiben besaßen, durften sie oft den amtlichen Schriftverkehr und die Liebesbriefe des ganzen Dorfes erledigen. Sie schwangen die Feder nur gegen Bezahlung, versteht sich.

Die Lehrer hatten es damals nicht wirklich leicht. Doch in einer Beziehung hatten sie völlig freie Hand: bei der Bestrafung der Kinder. Strafen, die einen Lehrer heute ins Gefängnis bringen würden, waren normal. Die normalste aller Strafen waren Schläge mit einem Weidenzweig in die geöffnete Handfläche. Das tat höllisch weh, denn die Weide ist sehr elastisch und das Nachfedern verstärkt den Schmerz. Oft mussten die Kinder die Zweige vorher eigenhändig abschneiden. Sie waren also gezwungen, ihr Foltergerät selber herzurichten. Kinder, die der Lehrer als unartig oder faul ansah, bekamen Kopfnüsse von der Lehrerfaust verpasst. Manche Lehrer ließen ihre Schüler mit nackten Beinen auf getrockneten Erbsen knien oder auf spitzen Holzscheiten. Nach ein paar Minuten konnte dem Opfer vor Schmerz richtig schwindelig werden. An den

Ohren oder an den Haaren gezogen zu werden oder blutige Knüffe einzustecken war für die Kinder im Schulalltag normal. In alten Büchern liest man Erinnerungen an die Schulzeit, die wie Geschichten aus der Folterkammer klingen. Nun waren nicht alle Lehrer – und die Lehrerinnen noch weniger – Folterknechte, aber die Sitten waren gewiss rauer als heute.

Die Lehrer waren Meister der großen und kleinen Grausamkeiten. Die Kinder vor ihren Mitschülern lächerlich zu machen, gehörte zum Schulalltag. Mancher hätte vielleicht sogar lieber Schläge eingesteckt als vor versammelter Klasse mit einer Eselsmütze gesessen. Denn die Eselsohren ließen keinen Zweifel daran, dass unter ihnen ein Dummkopf stecken musste. Eine andere Art der Demütigung war das In-der-Ecke-Stehen mit Blick zur Wand, es hielt sich hartnäckig bis in die jüngste Zeit hinein. Viel schlimmer als heute war auch der Meldebrief an die Eltern. Damals stand einfach fest: Der Lehrer hat immer recht. Und der Bestrafung in der Schule folgten die Prügel zu Hause auf dem Fuße.

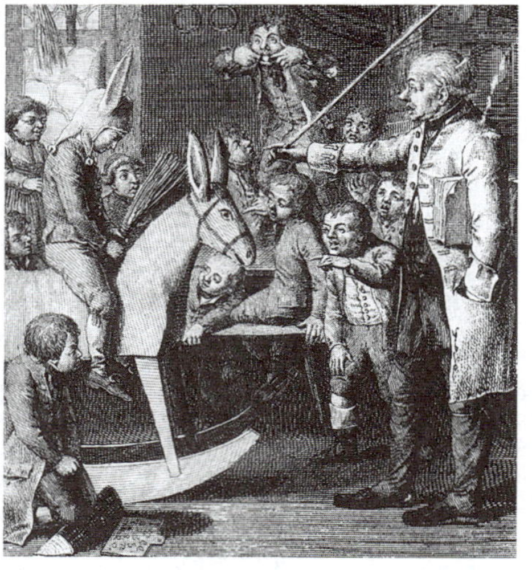

Auch im Elternhaus packte man die Kinder strenger an als heute. Allerdings entwickelte die Schule ihre besonderen Methoden und Spezialitäten, wie die Schläge mit dem Lineal, das der Lehrer ja immer gleich zur Hand hatte, oder der Wurf mit dem Tintenfass. Andere Strafen wie Nachsitzen oder Strafarbeiten haben sich bis heute gehalten.

Ohne Strafen kommt die Schule wohl immer noch nicht aus. Doch mittlerweile beherzigen viele Lehrer eine Regel: dass man nämlich Kinder und Jugendliche nicht noch über die Strafe hinaus vor ihren Altersgenossen lächerlich machen sollte. In Summerhill, so heißt eine Schule, die vor mehr als achtzig Jahren ganz neuen Wind in die Schullandschaft brachte, wurde als schlimmste aller Strafen der Nachtisch gestrichen. Kinder haben einen feinen Instinkt. Das sieht man, wenn sie als Streitschlichter eingesetzt sind. Da haben sie oft die besten Ideen, wie sich jemand bei einem anderen entschuldigen kann, ohne seine Würde zu verlieren.

Textsorten kennen

28 Der Text „Wie es früher in der Schule zuging“ ist wieder ein **Sachtext**.

a Nenne das Thema. Stichworte genügen.

___

b Stelle die wesentlichen Informationen mit wenigen Sätzen zusammen.

___

___

Lesestrategien entwickeln

Eigene Erfahrungen berücksichtigen

Du verstehst einen Text am besten, wenn du über das jeweilige **Thema** schon ein **Vorwissen** hast.

Beispiel: Wer die Regeln des Fußballspiels kennt, kann einen Zeitungsbericht über ein Fußballspiel leicht verstehen. Dagegen wird jemand, der sich noch nie mit dieser Sportart beschäftigt hat, Schwierigkeiten damit haben.

Überlege daher beim Lesen eines Textes immer:

- Was weißt du schon über das Thema?
- Welche Erfahrungen hast du damit gemacht?

So erkennst du, was dir **bekannt** vorkommt – und was dir **anders** erscheint. Besonders wichtig ist das, was dir **anders** erscheint. Das ist nämlich das **Neue**, also das, was du aus dem Text lernen kannst.

29 Überlege, was du über das Thema des Textes weißt und welche Erfahrungen du damit gemacht hast. Notiere stichwortartig deine Antworten.

a Das weiß ich über das Thema: ___

___

b Diese Erfahrungen habe ich schon damit gemacht: ___

___

30 Was war früher in der Schule anders? Nenne einen entscheidenden Unterschied. Orientiere dich an deinem Vorwissen und am Text.

___

___

Den Text verstehen

31 Erkläre mit eigenen Worten, was du im **ersten Satz** erfährst.

____

32 Was hielten viele Eltern von der Schule? Kreuze an.

- ☐ Sie fanden es gut, dass ihre Kinder die Schule besuchten.
- ☐ Sie verstanden nicht, warum ihre Kinder die Schule besuchen sollten.
- ☐ Sie waren dankbar dafür, dass ihre Kinder die Schule besuchen konnten.
- ☐ Sie waren neidisch, weil sie selbst keine Schule besucht hatten.

33 Vollende die angefangenen Sätze. Orientiere dich am Text.

a Die Eltern brauchten ______________________________

______________________________.

b Sie dachten, dass ihre Kinder sowieso ______________________________

______________________________.

c Deshalb waren sie der Meinung, dass ______________________________

______________________________.

34 Wie fanden die Eltern den Schulbesuch ihrer Kinder?

a Unterstreiche alle Adjektive, die zum Text passen.

> ärgerlich, richtig, falsch, interessant, klug, lehrreich, notwendig, nutzlos, problematisch, schlau, überflüssig, unverständlich, vorteilhaft, unsinnig, wunderbar, unwichtig, vernünftig, zweifelhaft, sinnlos

b Trage das Adjektiv, das am besten passt, in die Lücke ein.

Die Eltern fanden den Schulbesuch ihrer Kinder ______________________________.

35 Warum war der Schulbesuch für einige Kinder geradezu eine Erholung? Vervollständige den Vergleich.

Der Schulbesuch war erholsamer als ______________________________.

36 Es gab früher in der Schule zwei Arten von Strafen. Suche im Text nach je einem Beispiel.

- Körperliche Bestrafung: ______________________
- Demütigung: ______________________

37 Warum war der „Meldebrief an die Eltern“ (Z. 53 f.) die schlimmste Strafe?

____

____

38 „Ohne Strafen kommt die Schule wohl immer noch nicht aus.“ (Z. 64)
Was hältst du von dieser Aussage? Begründe deine Meinung.

____

____

____

39 Was ist heute in der Schule verboten? Und was geschieht, wenn ein Schüler dieses Verbot übertritt? Überlege dir ein passendes Beispiel.

____

____

____

40 Erkläre den Sinn der sprachlichen Bilder.

Hinweis: Für Informationen zu sprachlichen Bildern vgl. S. 55.

a „Die Schule stahl den Eltern die Kinder.“ (Z. 5)

____

____

b „In den Zwergschulen auf dem Land […]“ (Z. 15 f.)

____

____

c „Die Lehrer [...] waren hier <u>mehr Dompteure als Erzieher</u>." (Z. 16 f.)

____

____

d „In alten Büchern liest man Erinnerungen an die Schulzeit, die wie <u>Geschichten aus der Folterkammer</u> klingen." (Z. 37 ff.)

____

____

e „[...] eine Schule, die vor mehr als achtzig Jahren <u>ganz neuen Wind</u> in die Schullandschaft brachte [...]" (Z. 67 f.)

____

____

41 Was war früher in der Schule anders als heute? Nenne einige Einzelheiten. Formuliere vollständige Sätze.

Äußere dich ...

a zur Anzahl der Schüler, die in einem Klassenraum sitzen:

____

b zum Alter der Schüler, die zusammen unterrichtet werden:

____

c zur Ausbildung der Lehrer:

____

d zum Verhalten der Lehrer:

____

e zum Ansehen der Lehrer:

____

Die Sprache untersuchen

Wortart Präposition

Präpositionen sagen etwas darüber aus, wie Personen oder Dinge zueinander stehen (wie ihre **Position** zueinander ist). Sie können folgende **Zusammenhänge** ausdrücken:

- den **Ort** bzw. die **Lage**
  Beispiele: an, bei, hinter, nach, neben, über, unter, vor, zwischen
- das **Verhältnis** zwischen Personen und/oder Dingen
  Beispiele: bei, für, gegen, mit, ohne, über, von
- **zeitliche Zusammenhänge**
  Beispiele: nach, seit, von … bis, vor
- **Gründe** für etwas
  Beispiele: aufgrund von, wegen
- **Gegensätze** zwischen Personen und/oder Dingen
  Beispiele: entgegen, trotz

Einige Präpositionen lassen sich auch **unterschiedlich verwenden**.

Beispiel: Das Auto knallte gegen einen Baum. *(Ort)*
Die Eltern waren gegen die Schule. *(Verhältnis zw. Personen und Dingen)*

Präpositionen können mit einem **Artikel verschmelzen**.

Beispiele: am (= an dem), beim (= bei dem), fürs (= für das), zum (= zu dem)

42 Unterstreiche in den folgenden Sätzen die Präpositionen.

a Vor hundert Jahren wurde der Schulbesuch verbindlich.

b Damals wurde die Teilnahme am Unterricht für alle Kinder zur Pflicht.

c Nicht alle Eltern waren mit dem Schulbesuch einverstanden.

d Sie brauchten ihre Kinder nämlich für die Arbeit auf dem Feld.

e Die Lehrer waren auch sehr streng mit den Schülern.

f Bei der Bestrafung der Kinder hatten die Lehrer freie Hand.

g Häufig bekamen die Kinder vom Lehrer Kopfnüsse.

h Manchmal musste ein Kind mit einer Eselsmütze an seinem Platz sitzen.

i Oft gab es auch einen Meldebrief an die Eltern.

Die Kasus (Fälle)

Es gibt **vier Kasus**. Du kannst die verschiedenen Fälle so erfragen:

- Wer (oder was)? → **Nominativ** (1. Fall)
- Wessen? → **Genitiv** (2. Fall)
- Wem? → **Dativ** (3. Fall)
- Wen (oder was)? → **Akkusativ** (4. Fall)

Beispiel: Die Schüler gehorchten den Lehrern.
Wem gehorchten die Schüler? Den Lehrern. → *Dativ*

Es sind vor allem **Nomen**, die in einem Satz einen bestimmten Kasus einnehmen. Andere Wortarten, z. B. Adjektive, passen sich jeweils an die zugehörigen Nomen an.

43 Markiere in den Spalten der beiden Tabellen alle Formen, die gleich sind. Verwende für gleiche Formen jeweils die gleiche Farbe.

Singular

Kasus	Frage	Maskulinum	Femininum	Neutrum
Nominativ (1. Fall)	wer/was?	**der** Mann	**die** Frau	**das** Kind
Genitiv (2. Fall)	wessen?	**des** Mannes	**der** Frau	**des** Kindes
Dativ (3. Fall)	wem?	**dem** Mann	**der** Frau	**dem** Kind
Akkusativ (4. Fall)	wen/was?	**den** Mann	**die** Frau	**das** Kind

Plural

Kasus	Frage	Maskulinum	Femininum	Neutrum
Nominativ (1. Fall)	wer/was?	**die** Männer	**die** Frauen	**die** Kinder
Genitiv (2. Fall)	wessen?	**der** Männer	**der** Frauen	**der** Kinder
Dativ (3. Fall)	wem?	**den** Männern	**den** Frauen	**den** Kindern
Akkusativ (4. Fall)	wen/was?	**die** Männer	**die** Frauen	**die** Kinder

Mit der Ersatzprobe den richtigen Kasus ermitteln (1)

Die Tabellen zeigen, dass **einige Kasusformen gleich** sind. Um in solchen Fällen den richtigen Kasus zu bestimmen, kannst du die **Ersatzprobe** durchführen:
Ersetze das Wort durch ein anderes, bei dem es keinen Zweifel gibt. Am besten nimmst du ein Nomen, das ein **anderes grammatisches Geschlecht** hat.

Beispiel: Hast du schon [das Buch] gelesen? → *Nominativ oder Akkusativ?*
↓
Hast du schon [den Brief] gelesen? → *Akkusativ!*

44 Führe bei den folgenden Sätzen die Ersatzprobe durch, um den Kasus zu bestimmen. Setze jeweils ein Nomen (mit Artikel) ein, bei dem der Kasus eindeutig ist.

a Ich kenne [das Mädchen].
↓
Ich kenne [ ].
→ Kasus: ______

b Niemand hat [das Auto] gesehen.
↓
Niemand hat [ ] gesehen. → Kasus: ______

c [Das Fahrrad] gehört mir.
↓
[ ] gehört mir. → Kasus: ______

d Mein Vater hat [der Nachbarin] Bescheid gesagt.
↓
Mein Vater hat [ ] Bescheid gesagt.
→ Kasus: ______

e Wer weiß etwas über [das Unglück]?
↓
Wer weiß etwas über [ ]? → Kasus: ______

f Kommst du morgen zu [der Feier]?
↓
Kommst du morgen zu [ ]? → Kasus: ______

g Achtung, [das Glas] hat einen Sprung!
↓
Achtung, [ ] hat einen Sprung! → Kasus: ______

Mit der Ersatzprobe den richtigen Kasus ermitteln (2)

Im **Plural** sind die Formen des **Nominativs** und des **Akkusativs** alle **gleich**. Wenn du nicht sicher bist, welcher Fall vorliegt, kannst du die Pluralform durch die **Singularform** ersetzen.

Beispiel: Waren [die Hunde] heute schon draußen? → *Nominativ oder Akkusativ?*

War [der Hund] heute schon draußen? → *Nominativ!*

Bei Pluralformen des **Femininums** oder **Neutrums** veränderst du wieder zusätzlich das grammatische Geschlecht.

Beispiel: Sie erwartet [ihre Freundinnen] zu Besuch. → *Nominativ oder Akkusativ?*

Sie erwartet [ihren Freund] zu Besuch. → *Akkusativ!*

45 Führe bei den folgenden Sätzen die Ersatzprobe durch und bestimme den Kasus. Passe die Verbform an, wenn es nötig ist.

a Der plötzliche Wetterumschwung überraschte [die Fußballfans].

Der plötzliche Wetterumschwung überraschte [ ].

→ Kasus: ____________

b Schon seit einigen Stunden waren [die Straßen] menschenleer.

Schon seit einigen Stunden waren [ ] menschenleer.

→ Kasus: ____________

c Wegen der Wetteränderung wurden [die Spiele] abgebrochen.

Wegen der Wetteränderung wurden [ ] abgebrochen.

→ Kasus: ____________

Präpositionen und der Kasus (1)

Präpositionen **bestimmen den Kasus** des nachfolgenden Wortes.

- **Genitiv-Präpositionen:** *trotz, wegen …*
- **Dativ-Präpositionen:** *bei, mit, entgegen …*
- **Akkusativ-Präpositionen:** *für, gegen …*

Beispiele: Ich bleibe heute wegen des schlechten Wetters zuhause. *(Genitiv)*
Stattdessen spiele ich mit meinem Freund. *(Dativ)*
Gestern habe ich gegen meinen Vater gewonnen. *(Akkusativ)*

46 Unterstreiche in den folgenden Sätzen jeweils die **Präposition** und das zugehörige **Nomen** mit seinem **Artikel**. Bestimme anschließend den **Kasus**.

Hinweis: Denke daran, dass eine Präposition manchmal mit einem Artikel verschmolzen ist.

a Manch ein Schüler geht nicht gern zur Schule.

Kasus: ____________________

b Er würde stattdessen lieber mit einem Freund spielen.

Kasus: ____________________

c Aber der Schulbesuch ist für die Schüler verpflichtend.

Kasus: ____________________

d Niemand darf einfach bei den Eltern bleiben.

Kasus: ____________________

e Schulverweigerer müssen mit einer Strafe rechnen.

Kasus: ____________________

f Einige werden sogar von der Polizei zum Unterricht gebracht.

Kasus: ____________________ ____________________

g Doch die meisten Schüler haben kein Problem mit dem Schulbesuch.

Kasus: ____________________

h Sie besuchen die Schule auch ohne den Druck der Polizei.

Kasus: ____________________

Präpositionen und der Kasus (2)

Einige Präpositionen können **sowohl** mit dem **Dativ als auch** mit dem **Akkusativ** stehen. Dabei handelt es sich um Präpositionen, die etwas darüber sagen, **wo** sich eine Person oder Sache befindet bzw. **wohin** sie sich bewegt: *an, auf, hinter, in, neben, über, unter, vor, zwischen.*

Es gibt klare **Regeln** dafür, wann der Dativ und wann der Akkusativ stehen muss:

- Wenn man die **Wohin-Frage** stellen kann, folgt der **Akkusativ**.
  Beispiel: Der Junge läuft in das Haus. – *Wohin* läuft der Junge? (Er ist auf dem Weg.)
- Kann man die **Wo-Frage** stellen, folgt der **Dativ**.
  Beispiel: Der Junge wartet in dem Haus. – *Wo* wartet der Junge? (Er ist schon da.)

47 Formuliere je einen Satz zu den folgenden Bildern. Verwende die angegebenen Präpositionen.

a auf

b auf

c unter

d unter

a ______________________________

b ______________________________

c ______________________________

d ______________________________

48 Setze die fehlenden Wörter ein. Verwende den richtigen Kasus.

a Manchmal zögere ich, wenn ich auf ______________________________ bin. *(der Weg zur Schule)*

b Dann fällt mir plötzlich ein, dass ich auf ______________________________ ein Buch habe liegen lassen. *(der Schreibtisch)*

c Meist sehe ich dann schon viele Leute an ______________________________ stehen. *(die Bushaltestelle)*

d Trotzdem überlege ich, ob ich noch einmal in ______________________________ zurückkehren soll, um das Buch zu holen. *(die Wohnung)*

e Oder soll ich lieber pünktlich in ______________________ sein? *(die Schule)*

f Gelegentlich mache ich mich aber doch noch einmal auf ________________ ________________. *(der Rückweg)*

g Wehe, wenn ich mich geirrt habe und mein Buch befindet sich doch schon in ______________________________! *(die Schultasche)*

h Vielleicht sollte ich meine Sachen künftig lieber abends in ________________ ________________ packen. *(die Tasche)*

49 Streiche in den folgenden Sätzen den falschen Kasus durch.

- **a** *Bei dieses Wetter / Bei diesem Wetter* solltest du dich warm anziehen.
- **b** Gegen 22 Uhr kamen viele Menschen *aus das Kino / aus dem Kino.*
- **c** *Ohne meinem Freund / Ohne meinen Freund* bleibe ich nicht hier.
- **d** Die Jugendlichen gehen *zu eine Party / zu einer Party.*
- **e** *Außer einem Schüler / Außer einen Schüler* hatten alle die Hausaufgaben vergessen.
- **f** *Trotz dem hohen Preis / Trotz des hohen Preises* wollen wir das Auto kaufen.
- **g** Der Postbote hat ein Päckchen *für dem Nachbarn / für den Nachbarn.*
- **h** Der Lehrer will *mit den Schülern / mit die Schüler* auf Klassenfahrt gehen.
- **i** Man hat *von dem Vorfall / von den Vorfall* gehört.
- **j** Die meisten Schüler waren *gegen dem Vorschlag / gegen den Vorschlag.*
- **k** Die Fans stürmten *durch der Tür / durch die Tür.*

Das Verb und der Kasus

Auch Verben **bestimmen den Kasus**, und zwar dann, wenn keine Präposition folgt.

Beispiel: Ich rufe bei meinem Freund an. *(Dativ, wegen der Präposition „bei")*
Ich rufe meinen Freund an. *(Akkusativ, wegen des Verbs „rufen")*

- Diese Verben stehen z. B. mit dem **Dativ:**

Jemandem ...

helfen	*zuhören*	*(etwas) raten*	*(etwas) anbieten*
danken	*vertrauen*	*(etwas) sagen*	*(etwas) gestehen*
(etwas) geben	*antworten*	*(etwas) mitteilen*	*(etwas) befehlen*
beistehen	*begegnen*	*drohen*	*antworten*

Hinweis: Das, was man gibt, anbietet, befiehlt usw., steht aber im Akkusativ!

- Diese Verben stehen z. B. mit dem **Akkusativ:**

Jemanden/etwas ...

sehen	*treffen*	*beraten*	*bestimmen*
hören	*finden*	*unterstützen*	*kennen*
kaufen	*essen*	*verstehen*	*mögen*
wählen	*lieben*	*grüßen*	*informieren*
verlieren	*haben*	*warnen*	*fragen*

50 Beende die Satzanfänge. Ergänze jeweils ein Nomen mit einem passenden Begleiter. Denke dir etwas aus. Achte auf den richtigen Kasus.

a Ich mag ______________________________.

b Ich helfe manchmal ______________________________.

c Ich kaufe ziemlich oft ______________________________.

d Ich treffe nachmittags häufig ______________________________.

e Ich begegne nur selten ______________________________.

f Ich danke ______________________________.

51 Bestimme den Kasus der fett gedruckten Wörter. Unterstreiche jeweils das zugehörige Verb.

a Am Schuljahresanfang bestimmen die Schüler **einen Klassensprecher**.

Kasus: ____________________

b Der Klassensprecher informiert **den Lehrer** über die Interessen der Schüler.

Kasus: ____________________

c Manchmal hilft er **dem Klassenleiter** auch beim Organisieren von Festen.

Kasus: ____________________

d Nicht immer aber wählen die Schüler **einen Kandidaten**, der für das Amt besonders geeignet ist.

Kasus: ____________________

e Manchmal vertrauen sie **einem Mitschüler** nur deshalb, weil er „cool" ist.

Kasus: ____________________

f Aber ein guter Klassensprecher unterstützt **die Zusammenarbeit** zwischen dem Lehrer und der Klasse.

Kasus: ____________________

g Ein aufmerksamer Lehrer berät **die Klasse** bei der Klassensprecherwahl.

Kasus: ____________________

h Dann finden die Schüler leichter **einen geeigneten Vertreter**.

Kasus: ____________________

Richtig schreiben

Nominalisierungen richtig schreiben (1)

Nicht jedes Wort, das mitten im Satz großgeschrieben wird, steht auch als Nomen in einem Wörterbuch. Es ist nämlich möglich, auch **andere Wörter als Nomen zu verwenden**, z. B. Adjektive oder Verben. Man spricht dann von einer **Nominalisierung**.

Nominalisierungen erfolgen durch bestimmte **Begleiter**, z. B. durch **Artikel** (*der/die/das, ein/eine*) oder **Possessivpronomen** (*mein, dein, sein …*).

Beispiele: spielen (Verb): Das kleine Mädchen spielt auf dem Spielplatz.
Aber: Es fiel beim Spielen von der Schaukel.
schön (Adjektiv): Es war ein schönes Fest.
Aber: Das Schöne an diesem Fest war die gute Stimmung.

52 Unterstreiche in den folgenden Sätzen die Nominalisierungen zusammen mit den zugehörigen Begleitern.

- **a** Vor gut hundert Jahren wurde das Lernen in der Schule für alle zur Pflicht.
- **b** Das Komische war, dass sich die Bauern dagegen wehrten.
- **c** Sie brauchten ihre Söhne und Töchter für das Arbeiten auf dem Feld.
- **d** Für einige Kinder war das Sitzen auf den Schulbänken eine bequeme Angelegenheit.
- **e** Es ähnelte ein bisschen dem Faulenzen.
- **f** Aber die Schüler mussten sich immer gut benehmen, denn die Lehrer hatten die Erlaubnis zum Strafen.
- **g** Das Normale waren Schläge mit dem Weidenzweig.
- **h** Das tat aber höllisch weh, denn das Nachfedern verstärkte den Schmerz.
- **i** Heute sind solche Strafen verboten; auch das Demütigen kommt kaum noch vor.

Nominalisierungen richtig schreiben (2)

Adjektive können auch durch **unbestimmte Mengenangaben** in Nomen verwandelt werden. Solche Mengenangaben sind: *etwas, alles, nichts, wenig, viel, einiges …*

Beispiel: gut (Adjektiv): Es ist gut, dass du heute Zeit hast.
Aber: Ich wünsche dir zum Geburtstag alles Gute.

Hinweis: Zum Nomen wird ein Adjektiv auch dann, wenn du in einem bestimmten Satz einen entsprechenden Begleiter einfügen könntest.

Beispiel: Sie wünschte ihm nur (viel) Gutes.

53 Formuliere fünf Sätze mit nominalisierten Adjektiven. Kombiniere die Adjektive jeweils mit einer unbestimmten Mengenangabe. Denke dir etwas aus.

a wichtig: ______________________________

b billig: ______________________________

c besonders: ______________________________

d lecker: ______________________________

e nützlich: ______________________________

Begleitwörter richtig zuordnen

Manchmal hat sich zwischen ein typisches Begleitwort und ein Nomen ein Adjektiv gedrängt. Dann liegt natürlich **keine Nominalisierung** vor, und das Adjektiv wird – wie üblich – kleingeschrieben.

Beispiel: Mir gefällt die *blaue* Jacke.
(Der Artikel bezieht sich nicht auf das benachbarte Adjektiv, sondern auf das Nomen, das danach folgt.)

54 Streiche im folgenden Text die falschen Schreibweisen durch und schreibe die korrigierten Wörter darüber.

Im Unterricht können einige Vorlaute Schüler den Ton angeben. Manchmal stecken sie die Anderen Schüler damit an. Beispielsweise schreiben sie einen Brief an ihren Besten Freund oder sie blättern in der Neuesten Computerzeitschrift. Es ist sogar schon vorgekommen, dass sie einem Befreundeten Schüler aus der Nachbarklasse eine SMS geschickt haben. Die Beiden Freunde vereinbarten dann per Handy, im Unterricht so lange Unsinn zu machen, bis der Erboste Lehrer sie schließlich vor die Tür schickte. Dann trafen sich die Raffinierten Schüler im Flur – und dort konnten sie ungestört miteinander reden.

Sich schriftlich äußern

Eine andere Person überzeugen

Wenn du eine Person von etwas überzeugen willst, muss du dir Folgendes klarmachen:

- **Überzeugen ist nicht Überreden!**
  Wenn du jemanden zu etwas überredest, bringst du ihn vielleicht dazu, eine Zeit lang das zu tun, was du möchtest. Aber der Erfolg dürfte nur von kurzer Dauer sein. Wenn du es aber schaffst, ihn von etwas zu überzeugen, dann hast du es erreicht, dass er seine **Einstellung** ändert – und dann warst du wirklich erfolgreich.
- Um jemanden von etwas zu überzeugen, brauchst du **gute Gründe**. Die Person, die du überzeugen willst, soll schließlich **einsehen, warum es besser ist**, eine bestimmte Einstellung anzunehmen.

55 Schreibe einen Brief an einen Freund.

Stelle dir Folgendes vor:
Du stellst fest, dass dein Freund in letzter Zeit immer öfter in der Schule fehlt. Du hast den Verdacht, dass er anfängt zu schwänzen. Nach und nach bestätigt sich dieser Verdacht. Überzeuge deinen Freund davon, dass es wichtig ist, regelmäßig zur Schule zu gehen. Schreibe ungefähr 200 Wörter (→ Heft).

Achte darauf, dass dein Brief alle wichtigen Angaben enthält:

- Oben rechts den **Ort** und das **Datum**,
- die **Anrede** (*Lieber …*) und
- den **abschließenden Gruß** (*Herzliche Grüße, Dein …*).

Am besten machst du dir als Erstes ein paar Stichworte: Stelle die **Gründe** zusammen, die für einen regelmäßigen Schulbesuch sprechen. Dann fällt dir das Schreiben anschließend leichter. Nenne zuerst einen Grund, den du für nicht so wichtig hältst, und gehe dann zu den wichtigeren Gründen über. Der **wichtigste Grund** sollte **am Schluss** stehen!

Beginne so:

Ort, Datum

Lieber …,

seit einiger Zeit merke ich, dass du immer öfter in der Schule fehlst …

Kapitel 3: Eine schöne Geschichte

VON MANFRED MAI

Gestern habe ich mal wieder eine schöne Geschichte gelesen, über die ich mich richtig ärgern musste. Und seit heute Morgen weiß ich endgültig, dass sie nicht stimmt. Doch bevor ich erzähle, weshalb sie nicht stimmt, will ich euch die Geschichte schnell vorlesen.

„Mein Name ist Günther Bärlin. Ich bin zwölf Jahre alt und wohne in einer Stadt im Ruhrgebiet. Da arbeiten viele Türken. Ihre Kinder gehen mit uns in die Schule. Auch in meiner Klasse ist ein Türke. Er heißt Arkan. Der gefiel mir sofort. Ich hätte mich gern mal mit ihm unterhalten, über die Türkei und wie es dort ist. Aber Hans Endrainer, der stärkste Junge in unserer Klasse, hatte etwas gegen Türken. Deshalb hat er uns verboten, mit Arkan zu reden. Und weil wir alle Angst vor Hans hatten, taten wir, was er wollte.

Dabei konnte ich den Hans eigentlich nie leiden. Er hat immer Kleinere und Schwächere geärgert und gequält, besonders den Harald Bühler. Dem versteckte er das Mäppchen, legte einen nassen Schwamm auf seinen Stuhl, sperrte ihn in den Schrank oder schlug ihn einfach. Jeden Tag machte der Hans etwas anderes. Und Harald Bühler konnte sich nicht wehren, weil er kaum Muskeln hat. […]

Am Mittwoch kam Hans mit einem Blasrohr in die Schule. Gleich in der ersten Stunde wollte er es ausprobieren. Da hatten wir Deutsch bei Herrn Kleiner, und der versteht in solchen Dingen keinen Spaß. Wir sagten zu Hans, er solle es lieber lassen, doch der hörte nicht auf uns. Als Herr Kleiner etwas an die Tafel schrieb, schoss ihm Hans ein Papierkügelchen an den Hinterkopf.

‚Wer war das?‘, brüllte Herr Kleiner.

Natürlich meldete sich niemand.

‚Na gut, dann schreibt ihr bis morgen alle die Erzählung ab, die wir eben gelesen haben.‘

Draußen schien die Sonne. Es war richtiges Badewetter, und wir sollten heute Nachmittag diese blöde Erzählung abschreiben. Alle sahen Hans an. Auf einmal hob er langsam die Hand und sagte: ‚Der Harald war's.'

Es wurde ganz still in der Klasse, bis Harald zu heulen anfing. Da rief Arkan von hinten so laut, dass es jeder hören konnte: ‚Ist gelogen! War nicht Harald, war Hans!' Alle haben ihn ganz erstaunt angestarrt. Der hat Mut, dachte ich.

Hans bekam eine lange Strafarbeit und platzte fast vor Wut. Gleich nach der Stunde rannte er auf Arkan zu und wollte auf ihn einschlagen. Da haben ich und ein paar andere ihn festgehalten. Jetzt hat er nichts mehr zu sagen in der Klasse. Niemand will mehr etwas mit ihm zu tun haben. Aber mit Arkan reden und spielen wir jetzt alle."

Ich weiß nicht, wie ihr die Geschichte findet. Ich habe mich auf jeden Fall sehr über sie geärgert. Damit ihr auch versteht, warum, erzähle ich euch nun meine Geschichte.

Ich heiße Bernhard Drechsler und gehe in die siebte Klasse einer Gesamtschule. Wir sind 31 Schüler. Eberhard und Heinz gehören auch dazu. Sie sind die „Chefs" in der Klasse, was sie sagen, wird gemacht. Wir anderen mögen die beiden zwar nicht, aber keiner traut sich, etwas gegen sie zu sagen. Am allerwenigsten der kleine Robert, obwohl er am meisten zu leiden hat. Mit ihm treiben sie es besonders toll. Und am schlimmsten ist es beim Sportunterricht. [...]

Heute Morgen haben sie wieder so etwas Gemeines gemacht. Eberhard hat einen Luftballon an dem Wasserhahn in unserem Klassenzimmer festgebunden. Kurz bevor Herr Burger hereinkam, drehte Eberhard den Hahn ein wenig auf. Der Lehrer merkte es nicht und begann mit dem Unterricht. Wir schielten immer wieder zum Wasserhahn, wo der Luftballon größer und größer wurde. Auf einmal platzte er, und das Wasser spritzte bis zu Herrn Burger.

„Wer war das?", wollte Herr Burger wissen. Er wartete eine Weile und schaute dabei jeden an.

Als sich niemand meldete, sagte er: „Ihr habt bis zum Ende der Stunde Zeit. Wenn sich der oder die Täter bis dahin nicht melden, wisst ihr, was folgt." [...]

Herr Burger wollte gerade mit dem Unterricht weitermachen, da meldete sich Heinz und sagte ganz laut: „Der Robert war's. Ich hab's genau gesehen."

Mir gab es einen richtigen Stich. Ich dachte sofort an die Geschichte mit Arkan. Mein Herz schlug immer fester. Im Magen surrte es ganz komisch, und meine Hände wurden feucht.

Du musst es sagen, dachte ich, jetzt musst du es sagen. Du musst!

„Der Robert war's nicht", hörte ich mich sagen. Und nach einer kurzen Pause: „Eberhard war's, und der Heinz hat ihm dabei geholfen."

„Stimmt das?", fragte Herr Burger in die Klasse.

Niemand sagte „ja“, auch nicht Robert.

„Eberhard, Heinz – seid ihr es gewesen?“

„Der Robert war’s“, sagte Eberhard, „fragen Sie doch die andern.“

Ich bin sicher, Herr Burger wusste, dass Robert es nicht getan hatte. Das merkte man auch daran, wie er ihn fragte.

„Robert?“, sagte er nur.

Aber Robert sagte nichts.

„Eberhard, Heinz, Robert und Bernhard, ihr kommt in der großen Pause zu mir. Verstanden?!“

Kaum war die Stunde zu Ende und Herr Burger aus dem Zimmer, kamen Eberhard und Heinz auf mich zu […]. Zuerst stießen und rempelten sie mich nur leicht an. Dann schlugen sie fester zu, auf die Armmuskeln und in den Magen.

„Wenn du nachher dem Burger nicht sagst, dass der Robert es war, dann geht’s erst richtig los“, drohte Eberhard und trat gegen mein linkes Schienbein.

Ich sah, wie die anderen aus dem Zimmer gingen, zum Fenster hinausschauten oder sonst etwas taten. Und da wusste ich endgültig, dass die Geschichte mit Arkan nicht stimmt.

Textsorten kennen

Die Erzählung

Eine **Erzählung** ist eine Geschichte von mittlerer Länge, die den Leser **unterhalten** soll. Sie weist bestimmte **Merkmale** auf:

- Es gibt einen **Erzähler**. Das ist entweder ein **Er-Erzähler** oder ein **Ich-Erzähler**. Ein Er-Erzähler erzählt alles aus der Sicht eines Beobachters, ein Ich-Erzähler aus der Sicht der Hauptperson.
  Beispiele: Als Robert eines Morgens erwachte, wunderte er sich … *(Er-Erzähler)*
  Als ich eines Morgens erwachte, wunderte ich mich … *(Ich-Erzähler)*
- Es werden **treffende Verben** verwendet, damit sich der Leser gut vorstellen kann, was passiert.
  Beispiel: *Nicht:* Der alte Mann ging …; *sondern:* Der alte Mann schlurfte …
- **Passende Adjektive** ermöglichen es dem Leser, sich ein genaues Bild von den Personen und der Umgebung zu machen.
  Beispiele: Personen werden evtl. als zornig, empört oder listig beschrieben und die Umgebung als sonnig oder düster.
- Die Darstellung wirkt **lebendig**, weil hin und wieder auch erzählt wird, was die Personen **fühlen**, **denken** oder **sagen**.
- Die Handlung ist **spannend** und strebt auf einen **Höhepunkt** zu.

56 In der Erzählung „Eine schöne Geschichte“ gibt es zwei Ich-Erzähler. Wie heißen sie? Nenne ihre Namen.

- Der erste Ich-Erzähler heißt ______________________.
- Der zweite Ich-Erzähler heißt ______________________.

57 

a Wer erzählt eine Geschichte, die er nur gelesen hat?

____

b Wer erzählt eine Geschichte, die er erlebt hat?

____

58 

Unterstreiche in der Geschichte, die der Ich-Erzähler selbst erlebt hat, den Höhepunkt.

Hinweis: Du solltest einen oder zwei Sätze unterstreichen.

Lesestrategien entwickeln

Den Aufbau eines Textes untersuchen

Jeder Text hat einen bestimmten **Aufbau**. Er besteht aus mehreren **(Sinn-)Einheiten**, also aus Gruppen von Sätzen, die inhaltlich zusammengehören. Du solltest versuchen, den Textaufbau zu durchschauen. Bei einer Erzählung gehst du so vor:

- Wenn du merkst, dass ein Abschnitt beendet ist und ein **neuer Handlungsschritt** beginnt, kennzeichnest du den Beginn dieses neuen Handlungsschritts mit ┌.
- Anschließend siehst du dir alle Abschnitte noch einmal an. Frage dich, worum es darin jeweils geht, und **notiere den Inhalt** mit wenigen Worten am Rand.

59 Kennzeichne in der Erzählung alle Stellen, bei denen ein neuer Handlungsschritt beginnt, mit ┌. Notiere jeweils am Rand, worum es in diesem Abschnitt geht.

Den Text verstehen

60 a Welche Figuren sind ähnlich? Verbinde sie mit Linien.

Arkan	Bernhard Drechsler
Hans Endrainer	Eberhard und Heinz
Harald Bühler	Herr Burger
Herr Kleiner	Robert

b Worin bestehen die Ähnlichkeiten? Ergänze, was fehlt.

- ________________ ist so ähnlich wie Arkan. Das merkt man daran, dass beide ________________________________.
- ________________ ist so ähnlich wie Eberhard und Heinz. Das merkt man daran, dass sie ________________________________.
- ________________ ist so ähnlich wie Herr Burger. Das merkt man daran, dass beide ________________________________.
- ________________ ist so ähnlich wie Robert. Das merkt man daran, dass beide ________________________________.

61 Erkläre, warum der Ich-Erzähler sich über eine „schöne Geschichte“ ärgert. Beantworte die folgenden Fragen jeweils mit ein bis zwei vollständigen Sätzen.

a Was ist das Schöne an der „schönen Geschichte“?

____

____

b Warum erzählt Bernhard Drechsler diese Geschichte?

____

____

c Warum ärgert sich Bernhard Drechsler?

____

____

62 Wie wichtig sind die Mitschüler von Bernhard Drechsler, deren Namen nicht genannt werden? Kreuze an. Begründe deine Entscheidung ausführlich.

Die Mitschüler, deren Namen nicht genannt werden, sind …

- ☐ nicht wichtig.
- ☐ etwas wichtig.
- ☐ wichtig.
- ☐ sehr wichtig.

Begründung: ______________________________

____

____

63 **a** Finde eine Erklärung für das Verhalten der Mitschüler von Bernhard Drechsler. Kreuze an.

Die Mitschüler …

- ☐ sind feige.
- ☐ sind gleichgültig.
- ☐ sind beschäftigt.
- ☐ sind gemein.

b Notiere eine Textstelle, die zeigt, dass du dein Kreuz richtig gesetzt hast.

____

____

64 Was ist anders am Verhalten der Mitschüler von Günther Bärlin? Erkläre.

____

____

65 Erkläre den letzten Satz: „Und da wusste ich endgültig, dass die Geschichte mit Arkan nicht stimmt." (Z. 86 f.)

____

____

Die Sprache untersuchen

Mit Adjektiven Gegensätze ausdrücken

Es gibt verschiedene **Paare von Adjektiven**, mit denen **Gegensätze** zum Ausdruck gebracht werden können:

- Eine gegensätzliche Eigenschaft wird mithilfe einer **Vorsilbe** (z. B. *un-*) ausgedrückt.
  Beispiele: angenehm – unangenehm
  schön – unschön
- Am **Wortende** werden Wörter oder Endungen **hinzugefügt**, die zeigen, dass eine bestimmte Eigenschaft vorhanden ist oder fehlt.
  Beispiel: lustvoll – lustlos
- Der Gegensatz wird mit zwei Adjektiven zum Ausdruck gebracht, die etwas Gegensätzliches bedeuten.
  Beispiele: klug – dumm
  groß – klein

66 Ergänze jeweils das Adjektiv, mit dem das Gegenteil ausgedrückt wird.

a fröhlich	______	**b** bestechlich	______
c stark	______	**d** nötig	______
e sportlich	______	**f** mutig	______
g leise	______	**h** aufmerksam	______
i schnell	______	**j** hell	______
k geduldig	______	**l** weich	______
m hungrig	______	**n** erfolgreich	______

Satzglied Subjekt

- Ein Satz sagt aus, was eine Person (oder Sache) **tut** oder **bewirkt**. Der (oder das) **Handelnde** ist das Subjekt, also gewissermaßen der „**Täter**".
- Ein Subjekt kann ganz **kurz** sein – aber auch ziemlich **lang**.
  Beispiele: Der kleine und schwache Schüler litt sehr. → *langes Subjekt (5 Wörter)*
  Er ertrug all die Bosheiten. → *kurzes Subjekt (nur 1 Wort)*
- Das Subjekt steht immer im **Nominativ**.
  Du kannst das Subjekt mit dieser **Frage** ermitteln: *Wer oder was (tut) …?*
  Die Antwort auf diese Frage nennt immer das Subjekt.

67 Unterstreiche in den folgenden Sätzen das Subjekt.

- **a** Eines Tages kam Hans Endrainer mit einem Blasrohr in die Schule.
- **b** Er wollte das Blasrohr gleich in der ersten Stunde ausprobieren.
- **c** Plötzlich schoss Hans dem Lehrer ein Papierkügelchen an den Hinterkopf.
- **d** Herr Kleiner drehte sich wütend um.
- **e** Er wollte den Täter ermitteln.
- **f** Aber niemand meldete sich.
- **g** Am Ende sagte ein türkischer Schüler mutig die Wahrheit.
- **h** Da musste Hans eine saftige Strafarbeit erledigen.
- **i** Dafür wollte er sich an Arkan rächen.
- **j** Doch das ließen die Klassenkameraden nicht zu.
- **k** Sie verteidigten ihren mutigen Mitschüler.
- **l** Jetzt hat Hans in der Klasse nichts mehr zu sagen.
- **m** Nun herrscht dort Ruhe.

Satzglied Objekt

- Derjenige (oder dasjenige), **mit dem etwas geschieht**, ist im Satz das Objekt. Es ist also gewissermaßen das „**Opfer**" einer Handlung.
- Das Objekt kann im **Genitiv**, im **Dativ** oder im **Akkusativ** stehen (aber nie im Nominativ!). Meist steht es im Dativ oder Akkusativ. Deshalb kannst du es in der Regel mit einer dieser beiden Fragen ermitteln:
  Wem …? (Dativ)
  Wen (oder was) …? (Akkusativ)
- Einige Objekte gehen eine Verbindung mit einer **Präposition** ein. Man nennt solche Objekte **Präpositionalobjekte**.
  Beispiel: Ich war mit meiner Freundin im Kino. – *Mit wem …?* Mit meiner Freundin.
- Das Objekt kann **lang** oder **kurz** sein.
  Beispiele: Bernhard wollte die gemeine Tat nicht decken. → *langes Objekt (3 Wörter)*
  Er wollte Eberhard verraten. → *kurzes Objekt (nur 1 Wort)*
- In einigen Sätzen gibt es **mehr als ein Objekt**. Meist steht dann ein Objekt im **Dativ** und das andere im **Akkusativ**.
  Beispiel: Die Eltern schenken ihrem Kind *(Dativ)* ein Meerschweinchen *(Akkusativ)*.

68 Unterstreiche in den folgenden Sätzen **alle Objekte** und bestimme deren **Kasus**. Unterstreiche bei den Präpositionalobjekten auch die **Präpositionen**.

a Eines Tages kam Eberhard mit einem Luftballon in die Schule.

Kasus: ____________________

b Er band den Luftballon mit einem Bindfaden am Wasserhahn fest.

Kasus: ____________________ ____________________

c Danach drehte er den Wasserhahn ein wenig auf.

Kasus: ____________________

d Plötzlich platzte der Ballon, und das Wasser spritzte den Lehrer nass.

Kasus: ____________________

e Herr Burger fragte die Klasse nach dem Schuldigen.

Kasus: ____________________ ____________________

f Aber kein Mitschüler nannte den Namen des Übeltäters.

Kasus: ____________________

g Am Ende wollte Bernhard dem Lehrer die Wahrheit sagen.

Kasus: ____________________ ____________________

h Doch in der Pause bedrängten Eberhard und Heinz ihn.

Kasus: ____________________

Satzglied Prädikat

Subjekt und Objekt sind in einem Satz durch ein Prädikat aufeinander bezogen. Deshalb wird das Prädikat auch manchmal als **Satzkern** bezeichnet.
Das Prädikat sagt aus, was das Subjekt (der „Täter") mit dem Objekt (dem „Opfer") **tut**.

Beispiel:

kennt?
mag?
ärgert?
Martin → trifft? → Olaf
mobbt?
schlägt?
hilft?

69 Ergänze rund um die folgenden Prädikate jeweils ein **Subjekt** und **mindestens ein Objekt**. Denke dir etwas aus (aber keine Namen!).

a ______________ sieht ______________

b ______________ kaufst ______________

c ______________ helfen ______________

d ______________ betritt ______________

e ______________ ermahnt ______________

f ______________ schenkst ______________

g ______________ lesen ______________

Richtig schreiben

Vorsilben als Schreibhilfe (1)

Viele Wörter bestehen aus einem **Wortkern** und einer **Vorsilbe**. Vorsilben nennt man auch **Präfixe** (*prä*: vor; *fix*: fest). Wichtige Vorsilben sind:
ab-, an-, auf-, aus-, be-, bei-, ein-, ent-, er-, ge-, her-, hin-, miss-, mit-, un-, ver-, vor-, zer-, zu-.

Beim Schreiben von Wörtern mit Präfixen musst du zweierlei beachten:

- Es darf **kein Buchstabe verloren gehen**, wenn du ein Präfix mit einem Wortkern verbindest.
  Beispiele: Vorraum *(vor + Raum)*; hinnehmen *(hin + nehmen)*
- Ob ein Wort, das mit einem Präfix beginnt, **groß- oder kleingeschrieben** wird, hängt vom **Wortkern** ab. Wenn der Wortkern ein Nomen ist, schreibst du das Wort groß; in allen anderen Fällen schreibst du es klein.
  Beispiele: **be**stellen *(denn „stellen" ist ein Verb)*; **Un**glück *(denn „Glück" ist ein Nomen)*

70 Füge möglichst viele der folgenden Verben mit jeder der Vorsilben zusammen.

fallen – gehen – kaufen – raten – schlafen – stellen – täuschen – teilen

ab-: ____________________

an-: ____________________

auf-: ____________________

be-: ____________________

ein-: ____________________

ent-: ____________________

er-: ____________________

hin-: ____________________

miss-: ____________________

mit-: ____________________

ver-: ____________________

vor-: ____________________

zer-: ____________________

71 Klein oder groß? Entscheide. Schreibe das Wort richtig auf.

a ABFAHRT ____________ **b** ENTDECKEN ____________

c GESTEHEN ____________ **d** AUSBILDUNG ____________

e BEFEHLEN ____________ **f** EINSTECKEN ____________

g ANGEBOT ____________ **h** ABWASCHEN ____________

i BEISPIEL ____________ **j** UNHEIMLICH ____________

k UNFALL ____________ **l** VERLUST ____________

m EINGANG ____________ **n** ZERSTÖREN ____________

Die Erweiterungsprobe

Wenn du nicht sicher bist, ob ein Wort in einem Satz ein Nomen ist, weil es keinen typischen Begleiter gibt, kannst du die **Erweiterungsprobe** durchführen:

- Füge vor dem „Zweifelswort“ einen typischen **Nomen-Begleiter** ein, z. B. *der/die/das, ein/eine, kein/keine, etwas/viel/wenig.*
  Passe dazu den **Begleiter** im **Geschlecht** und im **Kasus** an das Nomen an.
- Wenn das möglich ist, ohne dass der Satz grammatisch falsch wird, handelt es sich um ein Nomen, das großgeschrieben werden muss.
  Beispiel: Er hatte **a**ngst?/**A**ngst?, als die beiden Jungen auf ihn zukamen.
  Er hatte keine **A**ngst, als die beiden Jungen auf ihn zukamen. → *Nomen*

72 Führe die Erweiterungsprobe durch, um herauszufinden, ob es sich jeweils um Nomen handelt. Streiche dann die falsche Schreibweise durch.

a Neulich gab es in der Schule mal wieder *ärger/Ärger*.

____

b Eberhard und Heinz füllten einen Luftballon mit *wasser/Wasser*.

____

c Plötzlich platzte der Luftballon, und der Lehrer wurde *nass/Nass*.

____

d Der Lehrer war darüber *empört/Empört*.

____

e Er gab den Schülern bis zum Stundenende *zeit/Zeit*, den Täter zu nennen.

____

f Bernhard hatte *mut/Mut*.

____

g Er *verriet/Verriet* dem Lehrer, wer ihm diesen Streich gespielt hatte.

____

h Doch Eberhard und Heinz ließen sich das nicht *gefallen/Gefallen*.

____

i Sie gingen auf Bernhard zu und *bedrohten/Bedrohten* ihn.

____

Vorsilben als Schreibhilfe (2)

Einige Wörter klingen am Anfang gleich, werden aber unterschiedlich geschrieben.

Beispiel: Verkehr – Ferse

Wenn du die Schreibweise der wichtigsten Präfixe kennst, hast du damit aber kein Problem.

- **Ver- oder fer-?**
  Meistens beginnt das gesuchte Wort mit dem Präfix **ver-**. Die Silbe **fer-** ist Bestandteil des Wortes und keine Vorsilbe. (Wenn du sie entfernst, bleibt kein Wort übrig!)
  Beispiele: verlassen, Verachtung
  Aber: Ferkel, fertig
- **Vor- oder for-?**
  Meistens beginnt das gesuchte Wort mit dem Präfix **vor-**. Es gibt nur wenige Wörter, die mit der Silbe **for-** beginnen, und auch hier gilt: Sie sind immer Bestandteile des Wortes und keine Vorsilbe.
  Beispiele: vortäuschen, vorlassen, Vorführung
  Aber: fordern, formulieren, Forschung
- **End- oder ent-?**
  Die Silbe **end-** ist eigentlich ein verkürztes Wort; sie stammt vom Wort „Ende" ab. Außerdem wird sie immer betont gesprochen. Wenn kein Zusammenhang mit einem Ende zu erkennen ist, schreibst du **ent-**.
  Beispiele: Endstation, Endhaltestelle, endgültig, endlos
  Aber: entdecken, entsorgen, Entschuldigung

73 Trage die fehlenden Anfangsbuchstaben (**f** oder **v**) ein. Achte auf die Groß- und Kleinschreibung.

a ___erstehen	b ___erstecken	c ___ernseher
d ___ertighaus	e ___erlust	f ___ertigkeit
g ___orfahrt	h ___orbild	i ___orbereiten
j ___orderung	k ___ortsetzung	l ___orfreude

74 Trage die fehlende Vorsilbe (**end** oder **ent**) ein. Achte auf die Groß- und Kleinschreibung.

a ______spiel	b ______lasten	c ______stehen
d ______scheiden	e ______lassung	f ______deckung
g ______lich	h ______ergebnis	i ______betrag

Endungen als Schreibhilfe

Auch Silben oder Buchstabengruppen, die als **Endung** an den Stamm eines Worts angehängt werden (sog. **Suffixe**), sind eine Schreibhilfe, vor allem bei der **Groß- und Kleinschreibung**.

- Wörter mit diesen Endungen sind immer **Nomen** und werden großgeschrieben: *-heit, -keit, -nis, -ung, -schaft, -ling, -ion, -mus, -tum*
  Beispiele: Gemeinheit, Gleichgültigkeit, Ärgernis, Ablenkung, Eigenschaft, Feigling, Aktion, Egoismus, Heldentum
- Wörter mit diesen Endungen sind **Adjektive** und werden kleingeschrieben: *-lich, -ig, -isch, -bar, -los, -haft, -sam*
  Beispiele: heimlich, mutig, stürmisch, haltbar, grundlos, glaubhaft, grausam

75 Trage zu jeder Endung mindestens drei Wörter in die Tabelle ein.

a Nomen:

-heit	
-keit	
-nis	
-ung	
-schaft	
-ling	
-ion	
-mus	
-tum	

b Adjektive:

-lich	
-ig	
-isch	
-bar	
-los	
-haft	
-sam	

Sich schriftlich äußern

Eine Geschichte weitererzählen

Wenn du eine Geschichte weitererzählen sollst, musst als Erstes überlegen:
Wie könnte die **Handlung** weitergehen?

- Du hast die Wahl zwischen einem **guten** oder **schlechten Ende**.
- Achte darauf, dass deine Fortsetzung **zur Geschichte passt**. Überlege also: Was wäre **glaubwürdig** oder zumindest **denkbar**?

Daneben musst du natürlich auch auf die **Darstellung** achten:

- Der Leser darf **nicht merken**, dass jetzt ein **anderer Verfasser** am Werk ist. Bemühe dich also darum, ungefähr die **Sprache des Original-Erzählers** zu „treffen".
- Dazu gehört auch, dass du den **Anteil an wörtlicher Rede** ans Original **anpasst**. Wenn der Originaltext oft (oder nur selten) wörtliche Rede enthält, musst du deine Fortsetzung ähnlich gestalten.

76 Schreibe eine Fortsetzung zur Erzählung „Eine schöne Geschichte" mit ungefähr 200 Wörtern (→ Heft).
Entscheide selbst, ob die Geschichte ein gutes oder ein schlechtes Ende nimmt.
Behalte die Ich-Form bei.

Kapitel 4: Die Vögel warten im Winter vor dem Fenster

Von Bertolt Brecht

Ich bin der Sperling.
Kinder, ich bin am Ende.
Und ich rief euch immer im vergangnen Jahr,
Wenn der Rabe wieder im Salatbeet war.
Bitte um eine kleine Spende.
    Sperling, komm nach vorn.
    Sperling, hier ist dein Korn.
    Und besten Dank für die Arbeit!

Ich bin der Buntspecht.
Kinder, ich bin am Ende.
Und ich hämmere die ganze Sommerzeit
All das Ungeziefer schaffe ich beiseit.
Bitte um eine kleine Spende.
    Buntspecht, komm nach vurn.
    Buntspecht, hier ist dein Wurm.
    Und besten Dank für die Arbeit!

Ich bin die Amsel.
Kinder, ich bin am Ende.
Und ich war es, die den ganzen Sommer lang
Früh im Dämmergrau in Nachbars Garten sang.
Bitte um eine kleine Spende.
    Amsel, komm nach vorn.
    Amsel, hier ist dein Korn.
    Und besten Dank für die Arbeit!

Textsorten kennen

Das Gedicht

Gedichte haben einige **Besonderheiten**, auf die du achten solltest:

- Auffällig ist schon die äußere **Form:** Die Sätze sind auf **Verse** aufgeteilt; deshalb sind die Zeilen nicht vollständig gefüllt. Mehrere Verse bilden jeweils eine **Strophe**.
- Es gibt **Reime**, d. h., die letzten ein oder zwei Silben haben gleiche Vokale und gleich klingende Konsonanten. Man unterscheidet **Paarreime** (aabb), **Kreuzreime** (abab) und **umarmende Reime** (abba).

Beispiele:	*Paarreim:*	*Kreuzreim:*	*Umarmender Reim:*
	Spiel (a)	Spiel (a)	Spiel (a)
	viel (a)	Wagen (b)	Wagen (b)
	Wagen (b)	viel (a)	lagen (b)
	lagen (b)	lagen (b)	viel (a)

Hinweis: In modernen Gedichten gibt es oft **keine Reime** mehr.

77 Kennzeichne alle Reime im Gedicht „Die Vögel warten im Winter vor dem Fenster“ mit gleichen Buchstaben (a, b, c …).

78 Welche beiden Arten von Reimen findest du im Gedicht? Nenne die Fachbegriffe. Füge auch die Verse hinzu, wo diese Reime vorliegen.

____

____

79 Welche zwei Wörter hat der Dichter verändert, um es für einen Reim passend zu machen?

▶ ____________________ ▶ ____________________

Lesestrategien entwickeln

Aussagen zuordnen

Du musst in einem Text alle **Aussagen zuordnen** können. In einem Gedicht ist das nicht immer einfach.

- Es ist wichtig, dass du verstehst, auf wen oder was sich jede Aussage **bezieht**.
- Wenn wiedergegeben wird, was jemand sagt, muss dir klar sein, **wer** diese Worte **spricht**. Überlege insbesondere, von wem die Rede ist, wenn der Sprecher Personalpronomen benutzt (*ich, du, er/sie/es, wir, ihr, sie*).

80 Wer spricht im Gedicht jeweils das Wort „ich“?

a In Vers 1, 2, 3: ______________________

b In Vers 9, 10, 11: ______________________

c In Vers 17, 18, 19: ______________________

81 Wie viele verschiedene Sprecher gibt es im Gedicht? Kreuze an.

☐ 2 Sprecher ☐ 3 Sprecher ☐ 4 Sprecher ☐ 5 Sprecher

82 Unterstreiche die Worte, die jeweils von einem Sprecher (oder einer Sprechergruppe) gesprochen werden, mit derselben Farbe.

Den Text verstehen

83 Um welche „Spende“ bitten die Vögel? Beantworte die Frage so, dass die Antwort für alle Vögel passt. Schreibe einen vollständigen Satz.

____

84 Allen Vögeln wird die Bitte um eine „Spende“ erfüllt. Wer bekommt was?

	Strophe 1	Strophe 2	Strophe 3
Vogel			
„Spende“			

85 Jede Strophe endet mit den Worten:

„Und besten Dank für die Arbeit!“ (V. 8, 16, 24)
Welche „Arbeit“ ist jeweils gemeint? Vervollständige die Sätze.

a Der Sperling hat immer ______________________, wenn ______________________

____ .

b Der Buntspecht hat im Sommer immer ______________________

____ .

c Die Amsel hat im Sommer immer ______________________

____ .

86 Erkläre, warum sich der Sprecher bei jedem Vogel mit den gleichen Worten für die geleistete „Arbeit“ bedankt?

____

____

87 Male die Bilder der Vögel auf S. 49 an. Nimm die männlichen Vögel als Muster.

Hinweis: Wenn du nicht weißt, wie die Vögel aussehen, kannst du dich im Internet informieren, z. B. unter www.kinder-tierlexikon.de.

Die Sprache untersuchen

Die Bedeutung der Tempora Präsens und Präteritum

Das **Präteritum** verwendest du immer dann, wenn du ausdrücken willst, dass eine Handlung in der **Vergangenheit** geschehen und bereits **abgeschlossen** ist.

Beispiele: Der Sperling rief, wenn der Rabe im Salatbeet war.
Die Amsel sang früh am Morgen.

Für das **Präsens** gibt es verschiedene Verwendungsmöglichkeiten, u. a. diese:

- Du willst ausdrücken, dass etwas **jetzt** geschieht, also in der **Gegenwart**.
  Beispiel: Es regnet (und zwar jetzt).
- Du willst ausdrücken, dass etwas **häufig** oder **regelmäßig** geschieht.
  Beispiel: Du kommst schon wieder zu spät. (Das geschieht häufig.)
- Du willst eine Handlung **anschaulich** darstellen, sodass sich der Leser ein **Bild** davon machen kann.
  Beispiel: Da erhebt sich ein ungeheurer Sturm. Blätter fegen über den Gehweg. In den Bäumen knarrt es; Äste brechen ab und stürzen zu Boden …

88 In dem Gedicht sprechen zwei der Vögel im **Präteritum** über ihre geleistete „Arbeit“, und ein Vogel im **Präsens**. Wer verwendet welche Zeitform?

- Präteritum: ______________________________
- Präsens: ______________________________

89 Welche Bedeutung hat die Verwendung des **Präsens** im Gedicht? Kreuze an.

- ☐ Der Vogel weist darauf hin, dass er diese „Arbeit“ **jetzt** leistet.
- ☐ Der Vogel drückt damit aus, dass er diese „Arbeit“ **regelmäßig** leistet.
- ☐ Der Vogel will, dass man sich ein **Bild** von seiner „Arbeit“ **machen** kann.

Der Imperativ

Der Imperativ (= Befehlsform) ist eine **Verbform**, die in **Aufforderungen** oder **Befehlen** verwendet wird. Die **Formen** des Imperativs bildest du so:

- Bei der 2. Person Singular („**du**") entspricht der Imperativ dem **Stamm des Verbs**. Bei trennbaren Verben rutscht der erste Teil ans Ende.
  Beispiele: geh | en → Geh!
  auf | räum | en → Räum auf!
- Bei der 2. Person Plural („**ihr**") entspricht der Imperativ der **entsprechenden Form des Präsens**.
  Beispiele: Kommt! – Sagt! – Geht!
- Bei der Höflichkeitsanrede „**Sie**" benutzt man die **3. Person Plural des Präsens**.
  Beispiele: Kommen Sie! – Sagen Sie! – Gehen Sie!
- Einige Imperativformen werden **unregelmäßig** gebildet. Das gilt allerdings nur für die **2. Person Singular**, und es betrifft nur Verben mit dem **Stammvokal e**. Aus dem Vokal e wird bei unregelmäßigen Verben i oder ie.
  Beispiele: lesen → Lies!
  geben → Gib!
  sprechen → Sprich!

Ob eine Imperativform regelmäßig oder unregelmäßig gebildet wird, kannst du im Wörterbuch nachlesen (vgl. S. 9).

90 Bilde jeweils die Imperativform für die **2. Person Singular**. Verwende ein Wörterbuch. Kreuze an, ob der Imperativ regelmäßig oder unregelmäßig gebildet wird.

			regelmäßig	unregelmäßig
a	sehen	→ ______________	☐	☐
b	helfen	→ ______________	☐	☐
c	legen	→ ______________	☐	☐
d	vergessen	→ ______________	☐	☐
e	nehmen	→ ______________	☐	☐
f	denken	→ ______________	☐	☐
g	essen	→ ______________	☐	☐
h	nennen	→ ______________	☐	☐
i	stellen	→ ______________	☐	☐
j	treten	→ ______________	☐	☐
k	werfen	→ ______________	☐	☐

91 Wandle die folgenden Aufforderungen so um, dass der Imperativ verwendet wird.

Beispiel: Du sollst mich anhören! → *Hör mich an!*

a Du sollst den Unsinn lassen!

____

b Du sollst mir beim Einsammeln der Blätter helfen!

____

c Du sollst nicht immer deinen kleinen Bruder ärgern!

____

d Ihr sollt uns mal besuchen!

____

e Ihr sollt euch endlich wieder vertragen!

____

f Sie sollen meine Mutter anrufen!

____

g Sie sollen mich bitte verstehen!

____

Sprachliche Bilder verstehen

Ein sprachliches Bild liegt vor, wenn **Inhalte aus unterschiedlichen Bereichen** miteinander **verschmelzen.**

Beispiel: Es erhob sich ein Sturm der Entrüstung.

starke Luftbewegung — starke Gemütsbewegung

- Zwischen **Bildspender** (*hier:* Sturm) und **Bildempfänger** (*hier:* Entrüstung) gibt es eine **Gemeinsamkeit**. Im obigen Beispiel ist das die Stärke der Bewegung: Die Entrüstung ist so heftig, dass sie uns wie ein Sturm vorkommt.
- Um ein sprachliches Bild handelt es sich immer dann, wenn für eine bestimmte Sache ein Wort verwendet wird, das du aus einem **anderen Zusammenhang** kennst.
  Beispiel: Die Vögel bitten um eine Spende.
  (Mit einer „Spende“ unterstützt man normalerweise eine bedürftige Person oder eine Hilfsorganisation, und zwar mit Geld. Die Vögel bitten aber nicht um Geld, sondern um Nahrung. Die Gemeinsamkeit zwischen Geld und Nahrung liegt hier darin, dass der Empfänger bedürftig ist und keine Gegenleistung von ihm erwartet wird.)

92 Trage stichwortartig in die Tabelle ein, welche Gemeinsamkeiten es gibt …

a zwischen der Spende, die die Vögel bekommen, und der Spende, die eine Hilfsorganisation bekommt.

b zwischen der Arbeit, die ein Mensch gegen Bezahlung leistet, und der Arbeit, die die Vögel geleistet haben.

c zwischen dem Hämmern eines Handwerkers und dem Hämmern eines Buntspechts.

	Gemeinsamkeiten
Spende für Vögel, Spende für Hilfsorganisation	
Arbeit von Menschen, Arbeit der Vögel	
Hämmern eines Handwerkers, Hämmern eines Buntspechts	

Redensarten

- Sprachliche Bilder kennst du auch aus dem Alltag. Bildhafte Formulierungen, die allgemein bekannt sind, nennt man **Redensarten**.
  Beispiel: Was du machst, ist mir egal! *(normale Ausdrucksweise)*
  Rutsch mir den Buckel runter! *(Redensart)*
- Viele Redensarten sind schon so **alt**, dass man gar nicht mehr weiß, woher sie stammen. Trotzdem versteht man meistens auch heute noch ihren Sinn.
  Beispiel: Da ist sie mal wieder ins Fettnäpfchen getreten.
  (Früher stand neben dem Eingang ein Napf mit Schuhputzcreme. Wer aus Versehen hineintrat, machte sich damit beim Gastgeber unbeliebt. Wenn man heute von einer Person sagt, sie sei ins Fettnäpfchen getreten, meint man damit, sie habe andere versehentlich verärgert.)

93  Erkläre den Sinn der folgenden Redensarten. „Übersetze" sie in die „normale" Sprache, also in eine Sprache ohne sprachliche Bilder.

a Diesmal bist du übers Ziel hinausgeschossen.

____

b Sie nahm kein Blatt vor den Mund.

____

c Willst du mich auf den Arm nehmen?

____

d Er hat mal wieder keinen Finger krumm gemacht.

____

e Sie trägt ihr Herz auf der Zunge.

____

f Es brennt mir unter den Nägeln, das zu sagen.

____

g Die beiden sind wie Hund und Katze.

____

____

____

Richtig schreiben

Satzschlusszeichen richtig setzen

Es gibt **drei** Satzschlusszeichen: **.** **?** und **!**

- Mit einem **Punkt** beendest du **Aussagesätze**. Du kannst damit auch **Aufforderungen** beenden, die **nicht besonders dringend** gemeint sind.
  Beispiele: Es regnet schon seit Stunden. *(Aussagesatz)*
  Schlagt bitte das Buch auf. *(Aufforderung, nicht dringlich gemeint)*
- Mit einem **Fragezeichen** beendest du einen **Fragesatz**. Du kannst auch einen **Aussagesatz** damit beendet, wenn der Satz als (**vorsichtige**) **Frage** gemeint ist.
  Beispiele: Wie spät ist es? *(normale Frage)*
  Vielleicht sollte ich mehr Sport treiben? *(Aussagesatz, als Frage gemeint)*
- Das **Ausrufezeichen** kannst du setzen, um …
  – anzuzeigen, dass eine Äußerung (laut) **gerufen** wird.
  Beispiel: Bleibt endlich stehen!
  – eine Äußerung als (dringende) **Aufforderung** oder als **Befehl** zu kennzeichnen.
  Beispiel: Hilf mir doch beim Tragen!
  – einer Aussage **Nachdruck** zu verleihen.
  Beispiel: Das geht wirklich nicht!
  – **Erstaunen** zum Ausdruck zu bringen.
  Beispiel: Wahnsinn, wie weit er gesprungen ist!

94 Welche Bedeutung hat das Ausrufezeichen im Gedicht (V. 8, 16, 24)?

- [ ] Die Äußerung wird laut gerufen.
- [ ] Der Sprecher erteilt einen Befehl.
- [ ] Die Worte werden hervorgehoben.
- [ ] Der Sprecher ist erstaunt.

95 Setze bei den folgenden Sätzen die passenden Satzschlusszeichen.

a Im Winter kann es sehr kalt werden

b Dann finden die Vögel nicht mehr genug Nahrung

c Sollen wir ihnen etwas zu fressen geben

d Vielleicht können wir auch ein Vogelhäuschen bauen

e Dort ist das Vogelfutter vor Schnee und Regen geschützt

f Ja, lass uns ein Vogelhäuschen bauen

g In der kalten Jahreszeit sollten wir etwas für die Vögel tun

h Schließlich erfreuen sie uns im Sommer durch ihren Gesang.

Wörtliche Rede kennzeichnen (1)

Wenn du eine Äußerung oder den Gedanken einer Person **wortwörtlich** wiedergibst, musst du diese Worte in **Anführungszeichen** setzen. Dadurch wird klar, dass du keine Tatsache wiedergibst, sondern nur das, was jemand gesagt oder gedacht hat.

Beispiel: „Bald gibt es bei uns keinen Winter mehr."
(Das ist keine Tatsachendarstellung, sondern die Wiedergabe einer Meinung.)

96 Das Gedicht „Die Vögel warten im Winter vor dem Fenster" besteht nur aus wörtlicher Rede. Diese ist aber nicht durch Anführungszeichen gekennzeichnet. Ergänze die fehlenden Anführungszeichen.

Wörtliche Rede kennzeichnen (2)

Zur wörtlichen Rede gibt es meist einen **Begleitsatz**. Dieser informiert darüber, **wer** die Worte spricht oder denkt – und **wie** er das tut (ob er z. B. flüstert, befiehlt oder klagt). Der Begleitsatz kann an drei Stellen stehen:

Beispiele: Die Mutter verlangte: „Du gehst nicht mit."
„Ich muss es versuchen", sagte Lukas.
„Es kann sein", meinte der Sohn, „dass wir ihn retten können."

Je nachdem, wo der Begleitsatz steht und ob die wörtliche Rede ein Aussagesatz, eine Frage oder ein Ausruf ist, werden die **Satzzeichen** so gesetzt:

- **Typ 1:** Begleitsatz **vor** der wörtlichen Rede
  Aussagesatz: ________ : „ ...."
  Fragesatz: ________ : „ .... ?"
  Ausrufesatz: ________ : „ .... !"
  Hinweis: Nach dem **Doppelpunkt** wird immer **großgeschrieben**.
- **Typ 2:** Begleitsatz **nach** der wörtlichen Rede
  Aussagesatz: „ .... ", ________ .
  Fragesatz: „ .... ?", ________ .
  Ausrufesatz: „ .... !", ________ .
  Hinweis: Nach dem **Komma** wird immer **kleingeschrieben**.
- **Typ 3:** Begleitsatz in die wörtliche Rede **eingeschoben**
  Aussagesatz: „ .... ", ________ , „ ...."
  Fragesatz: „ .... ", ________ , „ .... ?"
  Ausrufesatz: „ .... ", ________ , „ .... !"

97 Finde für **jeden Typ** von wörtlicher Rede jeweils **drei Beispiele:**
Verwende als wörtliche Rede einmal einen **Aussagesatz**, einmal eine **Frage** und einmal einen **Ausrufesatz**.

a **Typ 1**

▶ ______________________________

▶ ______________________________

▶ ______________________________

b **Typ 2**

▶ ______________________________

▶ ______________________________

▶ ______________________________

c **Typ 3**

▶ ______________________________

▶ ______________________________

▶ ______________________________

98 Schreibe den Text ab und ergänze dabei die fehlenden Satzzeichen (→ Heft). Ändere, wenn nötig, die Groß- und Kleinschreibung.

Es war ein kalter Winter, und der Boden war stark vereist. Da hockten die Amseln vor dem Fenster und riefen wir finden gar nichts mehr zu fressen! Sie erinnerten die Menschen daran, dass sie ihnen im Sommer immer viel Freude bereitet hatten. Wisst ihr nicht mehr, wie schön wir für euch gesungen haben fragten sie. Und sie baten könnt ihr uns nicht ein bisschen Futter geben? Als die Menschen sahen, wie die Amseln vergeblich im Schnee nach Futter suchten, dachten sie wir müssen den Vögeln etwas zu fressen geben. Sie holten Sonnenblumenkerne und streuten sie auf den Boden. Nun kamen von überall her die Vögel und pickten die Kerne auf. Danke für die Spende riefen sie. Die Menschen freuten sich darüber, dass sie vom Fenster aus beobachten konnten, wie die Vögel fraßen. Im nächsten Jahr bauen wir ein Vogelhäuschen dachten sie.

Sich schriftlich äußern

Eine E-Mail schreiben

Achte beim Schreiben von E-Mails auf Folgendes:

- Fülle die Felder im **Adressfeld** richtig aus. Wenn nur ein einziger Buchstabe falsch ist, erreicht die Mail den Empfänger nicht, sondern kommt zurück. Trage auch dein Anliegen in die **Betreffzeile** ein. So weiß der Empfänger gleich, worum es geht.
- Das eigentliche **Feld für die Nachricht** liegt unter dem Adressfeld. Hier schreibst du hinein, was du mitteilen möchtest. Diese Mitteilung sollte eher **kurz** sein. Vergiss nicht die Anrede am Anfang und den Gruß am Schluss.
- Im **Anhang** kannst du längere Texte, Bilder oder andere Dateien mitschicken. Dazu klickst du auf das Feld „Anhang/Datei hinzufügen".

99 Schreibe eine E-Mail an einen Klassenkameraden. Informiere ihn über deine Idee, wie ihr für einen guten Zweck Geld sammeln könnt:

Alle Schüler eurer Schule sollen bis Anfang Dezember Weihnachtsschmuck basteln. Dieser soll dann in der Vorweihnachtszeit auf einem Weihnachtsbasar verkauft werden. Den Erlös würdet ihr ans Kinderhilfswerk schicken.

- ▶ Fülle zunächst die Adresszeilen und die Betreffzeile aus.
- ▶ Schreibe dann einige Sätze in das Nachrichtenfeld, um deinen Klassenkameraden in Kürze über dein Vorhaben zu informieren.
- ▶ Danach schreibst du den eigentlichen Plan für dein Vorhaben auf ein extra Blatt (ca. 150 Wörter). Das ist die Datei, die du im Anhang mitsendest.

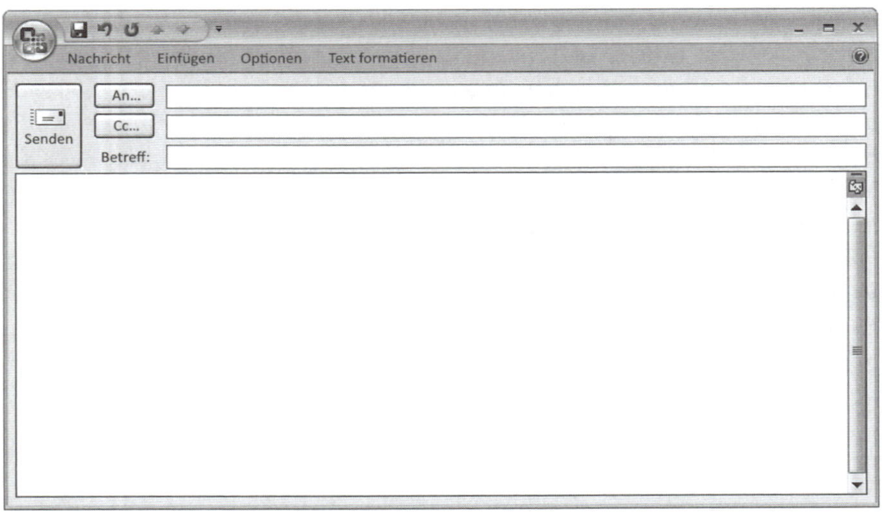

Kapitel 5: Papa, was ist Rassismus?

VON TAHAR BEN JELLOUN

TOCHTER: Papa, was ist Rassismus?

VATER: Rassismus ist ein weitverbreitetes Verhalten, das es in jedem Land gibt und das in manchen Ländern leider so alltäglich geworden ist, dass es vielen schon gar nicht mehr auffällt. Dieses rassistische Verhalten besteht darin, anderen Menschen zu misstrauen, sie zu verachten und ungerecht zu behandeln, und zwar nicht, weil sie uns etwas Schlimmes angetan hätten, sondern einzig und allein, weil sie anders aussehen oder aus einer anderen Kultur stammen als wir.

TOCHTER: Ist Rassismus denn normal?

VATER: Nein. Nur weil ein Verhalten weitverbreitet ist, ist es noch lange nicht normal oder richtig. Allerdings ist unser Misstrauen gegenüber Fremden so alt wie die Menschheit selbst. Dieses Misstrauen gibt es auf der ganzen Welt. Es betrifft alle.

TOCHTER: Wenn es alle betrifft, dann ist ja jeder ein Rassist!

VATER: Nein, nur weil du einem Fremden misstraust, bist du noch kein Rassist. Dein anfängliches Misstrauen ist ganz natürlich, denn du weißt ja noch nichts über die Absichten des anderen, vielleicht will er dich bestehlen oder zusammenschlagen, da bist du besser vorsichtig. Aber dieses Misstrauen wird sich meist in Vertrauen verwandeln, wenn du den anderen kennenlernst. Zum Rassisten wirst du erst, wenn du glaubst, dass der Fremde weniger wert ist als du und deshalb weniger gut behandelt werden sollte.

TOCHTER: Hoffentlich werde ich niemals so!

VATER: Niemand wird als Rassist geboren. Und wenn deine Eltern, deine Familie oder deine Lehrer dir keine fremdenfeindlichen Ideen in den Kopf setzen, wirst du auch nicht fremdenfeindlich werden. Wenn man dir aber zum

Beispiel einreden würde, dass weißhäutige Menschen schwarzhäutigen Menschen überlegen seien, und du diese Behauptung ernst nähmest, könnte das zur Folge haben, dass du Schwarze generell verachtest und schlecht behandelst.

TOCHTER: So ein Quatsch!

VATER: Ja, natürlich! Aber wenn man weiß, wie es zu Rassismus kommt, kann man auch etwas dagegen tun. Leider passiert es häufig, dass wir jemanden verachten oder sogar schlecht behandeln, der uns nichts getan hat, einfach nur, weil er anders ist als wir. Jeder von uns kann einen schlechten Tag haben. Jemand, der uns fremd ist, nervt uns dann, wir finden uns besser als ihn, wir fühlen uns ihm überlegen, wir lehnen ihn ab, wir wollen ihn nicht zum Nachbarn, schon gar nicht zum Freund, einfach nur, weil er anders ist als wir.

TOCHTER: Wie anders?

VATER: Nun, jemand ist anders, weil er eine andere Sprache spricht, anders kocht, andere Bräuche oder eine andere Religion hat, auf eine andere Art lebt und feiert als wir. Es gibt also neben äußerlichen Unterschieden wie zum Beispiel Körpergröße, Hautfarbe und Gesichtszügen die Unterschiede im Verhalten, in den Überzeugungen, im Glauben und viele andere mehr.

TOCHTER: Heißt das, ein Rassist und Ausländerfeind mag nur seine eigene Sprache, nur Menschen mit seiner Hautfarbe und auch nur Speisen aus seinem eigenen Land?

VATER: Nicht unbedingt. Ein Fremdenfeind kann zum Beispiel mit Vorliebe in asiatischen Restaurants essen. Aber trotzdem weigert er sich, einem ausländischen Studenten ein Zimmer zu vermieten. Denn er sieht in allem, was sich zu sehr von ihm unterscheidet, eine Bedrohung.

TOCHTER: Es ist also der Rassist, der sich bedroht fühlt?

VATER: Ja, denn er hat Angst vor jedem, der nicht so ist wie er. Ein Rassist hat Minderwertigkeitsgefühle gegenüber anderen oder leidet an Größenwahn. Das läuft auf das Gleiche hinaus, denn in beiden Fällen wird er andere verachten. Fremdenfeindliche Menschen sind unsichere Menschen, die Bestätigung brauchen. Sie ertragen es nicht, wenn an ihren Gewissheiten gerüttelt wird. Deshalb misstrauen sie allem Neuen und Fremden.

Textsorten kennen

Der Dialog

Einen Dialog erkennst du leicht an bestimmten **Merkmalen:**

- Es gibt **keinen Erzähler**; du erfährst nur, **was die** beteiligten **Personen sagen**. Ein Dialogtext besteht also aus **Rede** und **Gegenrede**.
- Da es keinen Erzähler gibt, bekommt der Leser **keine Kommentare** zu lesen. Niemand äußert seine Meinung zu dem, was in dem Gespräch gesagt wird. Auch das, was die einzelnen Sprecher **denken** oder **fühlen**, kannst du nur aus ihren Worten erschließen.
- Manchmal gibt es aber **Regieanweisungen**. Das sind Hinweise für die Sprecher; ihnen wird z. B. gesagt, ob eine Äußerung empört oder erfreut klingen soll.

100 In dem Gespräch zwischen Vater und Tochter gibt es keine Regieanweisung. Wähle zwei Äußerungen der Tochter und zwei Äußerungen des Vaters aus. Überlege dir für diese Textstellen passende Regieanweisungen. Einige Vorschläge findest du im Kasten.

interessiert, ratlos, nachdenklich, empört, leise, laut, erschrocken, ängstlich, wütend, besorgt, gleichgültig, verständnisvoll, überlegen, ahnungslos, lebhaft, überzeugt, sicher, unsicher, verwirrt, beruhigt, einsichtig, neugierig, bestimmt, ruhig, unruhig, zögernd

a Tochter:

▶ ______________________________

____

▶ ______________________________

____

b Vater:

▶ ______________________________

____

▶ ______________________________

____

Lesestrategien entwickeln

Behauptungen und Begründungen unterscheiden

- Eine **Behauptung** klingt wie eine **Tatsachenfeststellung**. Der Sprecher oder Schreiber bringt zum Ausdruck, dass er etwas für wahr oder zutreffend hält. (Behauptungen müssen aber nicht stimmen!)
  Beispiel: Viele Menschen begegnen Fremden anfangs mit Misstrauen.
- Mit einer **Begründung** erklärt der Sprecher oder Schreiber, **warum** er etwas für richtig hält. Begründungen erkennst du oft an den Wörtern *weil* oder *denn*. Manchmal fehlen diese Wörter aber auch; dann verstehst du nur aus dem Textzusammenhang, dass eine Aussage als Begründung gemeint ist.
  Beispiele: Sie sind misstrauisch, **weil** sie die Absichten des Fremden nicht kennen. *(ausdrückliche Begründung)*
  Fremdenfeindliche Menschen kennen sich mit anderen Kulturen nicht aus. *(als Begründung zu verstehen)*

101 Unterstreiche in dem Dialog zwischen Vater und Tochter vier Äußerungen, die ausdrücklich als Begründung formuliert sind.

102 In Z. 31–38 macht der Vater eine Äußerung, die als Begründung zu verstehen ist, ohne dass sie ausdrücklich so formuliert ist. Schreibe sie heraus.

____

____

Den Text verstehen

103 „Was ist Rassismus?“ Welche Antwort gibt der Vater auf diese Frage? Ergänze genau zwei Wörter.

Rassismus ist ein ______________________________ .

104 Wie begegnet ein Rassist einem Menschen, der anders aussieht oder aus einer anderen Kultur stammt als er? Beende die angefangenen Sätze.

a Statt mit Vertrauen begegnet er ihm mit ____________________ .

b Statt mit Achtung begegnet er ihm mit ____________________ .

c Statt ihn gerecht zu behandeln, behandelt er ihn ____________________ .

105 Bewerte diese Verhaltensweisen. Finde drei passende Adjektive.

Diese Verhaltensweisen finde ich ______________________________,

______________________________ und ______________________________.

106 „Nein, nur weil du einem Fremden misstraust, bist du noch kein Rassist." (Z. 15) Was ist hier unter einem Fremden zu verstehen? Kreuze an, was am besten passt.

Mit einem Fremden ist ein Mensch gemeint, ...

- ☐ den man noch nicht kennt.
- ☐ der anders aussieht als man selbst.
- ☐ der eine andere Religion hat als man selbst.
- ☐ der eine andere Sprache spricht als man selbst.

107 Warum findet der Vater ein anfängliches Misstrauen gegenüber Fremden natürlich? Formuliere seine Begründung mit eigenen Worten.

____

____

____

108 Was für eine Meinung hat ein Rassist von sich selbst und von Fremden? Streiche durch, was falsch ist.

a Ein Rassist glaubt, dass er selbst *mehr/weniger* wert ist als ein Fremder.

b Er meint deshalb, dass ein Fremder *besser/schlechter* behandelt werden sollte als er selbst.

109 Wer ist nach Ansicht des Vaters schuld daran, dass jemand zum Rassisten wird? Antworte mit ein bis zwei ganzen Sätzen.

____

____

____

110 Was kann äußerlich bei einem Fremden anders sein? Nenne drei Beispiele. Stichworte genügen.

▶ ____________________

▶ ____________________

▶ ____________________

111 Was kann bei einem Fremden anders sein im Hinblick auf das Verhalten oder den Glauben? Nenne wieder drei Beispiele. Antworte mit drei kurzen Sätzen.

▶ ____

▶ ____

▶ ____

112 Was kann bei einem Rassisten widersprüchlich sein (vgl. Z. 45–51)?

____

____

____

113 Nach den Aussagen des Vaters kann ein Rassist ganz unterschiedliche Gefühle gegenüber Fremden empfinden. Formuliere dazu zwei Sätze. Du kannst aus dieser Liste auswählen:

> Achtung, Verachtung, Sicherheit, Unsicherheit, Zorn, Gleichgültigkeit, Angst, Unruhe, Bedenken, Hoffnung, Neid, Sorge, Interesse, Desinteresse

▶ ____

▶ ____

114 Der Vater sagt, ein Rassist habe Minderwertigkeitsgefühle gegenüber anderen (vgl. Z. 53 f.)? Erkläre, was er damit meint.

____

____

115 Unter den letzten Äußerungen des Vaters gibt es eine **allgemeine Aussage** über fremdenfeindliche Menschen. Schreibe sie heraus.

116 Welches Bild drückt am besten aus, wie ein Rassist sich selbst und einen Fremden sieht?

a)

b)

c)

117 Wie ist die Beziehung zwischen dem Vater und seiner Tochter dargestellt? Begründe deine Meinung ausführlich.

Die Sprache untersuchen

Wortart Konjunktion (1)

Konjunktionen sind kleine Wörter, mit denen du **Wörter**, **Wortgruppen** oder **Sätze verbinden** kannst. Weil sie solche Verbindungen herstellen, nennt man sie auch **Bindewörter**.

- Die meisten Konjunktionen verbinden Sätze miteinander. Wenn du **Hauptsätze** durch eine **nebenordnende Konjunktion** (z. B. *und*) miteinander verbindest, entsteht eine **Satzreihe**.
  Beispiel: Einige Erwachsene sind fremdenfeindlich, **und** ihre Kinder werden später meist auch fremdenfeindlich.
- Konjunktionen zeigen auch, welchen **Zusammenhang** es zwischen Sätzen gibt. Nebenordnende Konjunktionen können verschiedene Zusammenhänge herstellen.
  Beispiele: und → *Aufzählung*
  oder → *Auswahl*
  denn → *Grund*
  aber → *Gegensatz*

118 Welcher Zusammenhang besteht zwischen den folgenden Satzpaaren? Verbinde sie durch eine **nebenordnende Konjunktion:** *und, oder, denn, aber.*

a Rassisten wollen nichts mit Fremden zu tun haben, ________ sie haben Angst vor ihnen.

b Rassisten fühlen sich Fremden gegenüber minderwertig, ________ sie sehen sich als etwas Besseres an.

c Manche Eltern haben eine fremdenfeindliche Einstellung, ________ dann übernehmen ihre Kinder diese Fremdenfeindlichkeit.

d Ein Rassist kann mit Vorliebe in asiatischen Restaurants essen, ________ er will einem ausländischen Studenten kein Zimmer vermieten.

Wortart Konjunktion (2)

- Wenn Konjunktionen einen **Hauptsatz** mit einem **Nebensatz** verknüpfen, entsteht ein **Satzgefüge**.
- Der **Nebensatz** wird dann durch eine **unterordnende Konjunktion** eingeleitet.
  Beispiele: weil, da → *Grund*
  wenn, falls, sofern → *Bedingung*
  während, obwohl, obgleich → *Gegensatz, Gegengrund*
  als, während, bevor, ehe, bis, seit, nachdem → *zeitliche Abfolge*
- Im Nebensatz steht das **finite Verb** immer am Ende.
- Die **Reihenfolge** von Haupt- und Nebensatz ist **nicht festgelegt**. Der Nebensatz kann vor oder nach dem zugehörigen Hauptsatz stehen.
  Beispiel: Der junge Mann drehte sich um, **als** er gerufen wurde.
  Als er gerufen wurde, drehte sich der junge Mann um.

119 Verknüpfe die folgenden Satzpaare zu einem **Satzgefüge**. Verwende eine passende **unterordnende Konjunktion**.

a 1. Satz: In letzter Zeit waren viele Lehrer unzufrieden mit ihren Klassen.
2. Satz: Einige Schüler verweigerten die Mitarbeit. *(Grund)*

____

____

b 1. Satz: Die Schüler bemühten sich nicht mehr um gute Noten.
2. Satz: Das Ende der Schulzeit nahte. *(Gegengrund)*

____

____

c 1. Satz: Die Lehrer verteilten Strafarbeiten.
2. Satz: Sie waren ein paar Mal mit Papierkügelchen beworfen worden. *(zeitliche Abfolge)*

____

____

d 1. Satz: Die Schüler sollten sich wieder mehr Mühe geben.
2. Satz: Sie wollen einen Ausbildungsplatz bekommen. *(Bedingung)*

____

____

Richtig schreiben

Das Komma zwischen Sätzen

- **Hauptsätze**, die durch eine Konjunktion zu einer **Satzreihe** verbunden sind, können durch **Punkt** oder **Komma** voneinander getrennt werden.
  Beispiele: Ich muss noch Hausaufgaben machen. Und ich muss noch für die Mathearbeit üben. *(Punkt zwischen Sätzen)*
  Ich habe keine Zeit, denn ich muss noch für die Schule arbeiten. *(Komma zwischen Sätzen)*
- Bei einem **Satzgefüge**, bestehend aus **Haupt-** und **Nebensatz**, wird die Grenze zwischen beiden Sätzen immer durch ein **Komma** gekennzeichnet, unabhängig davon, ob der Nebensatz am Anfang oder am Ende des Satzgefüges steht.
  Beispiele: Sie übt Gitarre, wenn sie nach Hause kommt.
  Wenn sie nach Hause kommt, übt sie Gitarre.

Hinweis: Das letzte Beispiel zeigt: Wo zwei finite Verben unmittelbar aufeinanderstoßen, ist die Grenze zwischen einem Nebensatz und dem darauffolgenden Hauptsatz. An dieser Stelle steht das trennende Komma.

120 Markiere die Grenzen zwischen den Sätzen durch Kommas. Unterstreiche anschließend jeweils den Hauptsatz.

a Wenn deutsche und ausländische Kinder schon gemeinsam den Kindergarten besuchen lernen sie sich frühzeitig kennen.

b Die deutschen Kinder werden dann gar nicht erst fremdenfeindlich weil sie ausländische Kinder zu Freunden haben.

c Und die ausländischen Kinder ziehen sich nicht zurück da sie genügend Kontakt zu deutschen Kindern haben.

d Für die deutschen Kinder ist es eine Bereicherung wenn sie Erfahrungen mit anderen Kulturen machen können.

e Für die ausländischen Schüler ist das auch ein Vorteil weil sie dann von Anfang an Deutsch lernen.

f Weil sie dem Unterricht von Beginn an gut folgen können haben sie folglich keine Probleme mit dem Lernen.

Wortverwandtschaften als Schreibhilfe

Es ist klug, wenn du dir klarmachst, welche **Wörter** miteinander **verwandt** sind, denn die Schreibweise von verwandten Wörtern ist immer gleich. Das betrifft jedenfalls ihren **Stamm**.

Beispiele: Angst, angstvoll, ängstlich, (sich) ängstigen, verängstigt
Das „A" aus dem Wort „Angst" bleibt überall erhalten; es kann nur zu „ä" werden.
geben, (er) gibt, begabt, Begabung, Gabe, (es) gab
Das „b" aus dem Wort „geben" bleibt in allen Wörtern und Formen erhalten.

121 Begründe die Schreibweise. Nenne zwei passende verwandte Wörter.

Wörter mit ä	wegen
lästig	
verständlich	
Länge	
Rätsel	
Stärke	
kläglich	
gefährlich	
Händler	

Wörter mit b	wegen
belebt	
Lob	
Staubwolke	
Grab	
gefärbt	
Betrieb	
Schubkarre	

Sich schriftlich äußern

Einen Dialog schreiben

Bei einem Dialog schreibst du nur auf, was die beteiligten **Personen sagen**. Einen Erzähler gibt es nicht. Schreibe so:

- Beginne bei **jedem Redebeitrag** eine **neue Zeile**. Notiere zuerst den Namen des jeweiligen Sprechers, danach folgt ein Doppelpunkt. Anführungszeichen entfallen.
  Beispiel: Tochter: Was ist Rassismus?
  Vater: Rassismus ist ein weitverbreitetes Verhalten.
- Schreibe nur auf, was die Personen sagen. Allein dadurch muss klar werden, …
  - **wo** sie sind,
  - ob sie **alt** oder **jung** sind,
  - was sie **denken**,
  - wie sie sich **fühlen**,
  - was sie **wollen** (Absichten, Ziele).
- Mithilfe von **Regieanweisungen** kannst du etwas deutlicher auf die **Gedanken und Gefühle** der einzelnen Personen hinweisen.
  Beispiel: Tochter (erschrocken): …
  Vater (besänftigend): …

122 Schreibe einen Dialog zwischen einer Mutter und ihrer Tochter Nicole.

Stelle dir Folgendes vor: In Nicoles Klasse gibt es seit Anfang des Schuljahres eine neue Mitschülerin, und zwar eine Araberin namens Leyla. Die Tochter findet Leyla sehr nett und möchte sie gern zu sich nach Hause einladen. Die Mutter ist allerdings ein wenig skeptisch …

Entwirf dein Gespräch so, dass die Mutter am Schluss mit der Einladung einverstanden ist.

a Trage zunächst Stichworte in eine Tabelle ein (→ Heft).

	Mutter	Tochter
Wo sie sind:		
Alter:		
Was sie denken:		
Wie sie sich fühlen:		
Was sie wollen:		

b Schreibe nun den Dialog mit ca. 250 Wörtern (→ Heft).

Kapitel 6: Der Wolf

Wolf und Lamm

Ein Wolf sah ein Lämmchen, das sich von der Schafherde verirrt hatte. Mit Gewalt wollte er es nicht rauben. Deshalb suchte er nach einem guten Schein zur Anklage.

„Ein Jahr ist's her, dass du noch gar klein mich ausschimpftest."

„Ein Jahr gewiss nicht, da ich noch kein Jahr alt bin."

„Du hast aber den Acker benagt, den ich mein nenne."

„Ich fraß noch nie vom Acker, fresse ich doch noch gar kein Grünfutter."

„Und trübtest du mir nicht die Quelle, aus der ich trinke?"

„Gewiss nicht, da mich bis heute Muttermilch ernährt."

Da fasste der Dieb das Lämmlein, und es auffressend sprach er: „Du sollst dem Wolf die Mahlzeit nicht rauben. Und könntest du auch jede Schuld von dir wegstreiten."

Wolf und Reiher

Dem Wolf blieb ein Knochen im Schlund[1] sitzen. Da versprach er, dem Reiher einen guten Lohn zu zahlen, wenn dieser ihm den Knochen aus dem Hals herauszöge und ihn von dem Schmerz heilte.

Da zog der Reiher den Knochen heraus. Doch als er nun den Lohn forderte, sagte jener, ihn mit Zähnefletschen angrinsend: „Du hast schon genug des Lohnes empfangen! Genügt es nicht, dass du deinen Kopf heil aus dem Wolfsrachen herausziehen konntest?"

Wer den Schlechten hilft, der wird keinen guten Lohn ernten; es ist genug, wenn es ihm danach nicht schlecht ergeht.

1 *Schlund:* Rachen, Hals (gefährlich wirkend)

Wolf und Hund

Ein Wolf stieß einst auf einen Hund, der sehr fett war. Er fragte ihn aus, wo er sich genährt hätte, dass er so groß geworden war und von Fett strotzend[2].

„Ein reicher Mann“, versetzte der, „nährt mich freigebig.“

Da sprach der Wolf: „Wie kommt es, dass dein Hals so fahl[3] ist?“

„Der wird von dem Halsband gerieben, das mein Ernährer mir herumschmieden ließ.“

Da lachte der Wolf ihn aus und rief: „Lebe denn wohl und komm mir nicht mehr mit deinem Pflegevater, der dir mit Eisen den Hals schindet[4].“

2 *von etwas strotzen:* etwas im Überfluss zeigen
3 *fahl:* hell, blass
4 *schinden:* quälen

Textsorten kennen

Die Fabel

- Fabeln sind kurze Geschichten, in denen (meist) **Tiere** vorkommen, die **menschliche Eigenschaften** haben, z. B. können sie sprechen.
- Oft begegnet ein starkes (oder schlaues) Tier einem schwachen (oder dummen) Tier. Das schwache (oder dumme) Tier macht irgendwann einen Fehler, sodass das starke (oder schlaue) Tier am Ende **Sieger** ist und das schwache (oder dumme) Tier als **Verlierer** dasteht.
- Die Tiere in der Fabel stehen für Menschen mit **bestimmten Eigenschaften** (z. B. Ehrgeiz, Gier, Hinterhältigkeit, Rachsucht, Eitelkeit, Dummheit). Bei jedem Tier in der Fabel ist eine dieser Eigenschaften **besonders ausgeprägt**.
  Hinweis: Ein Tier muss nicht in allen Fabeln gleiche Eigenschaften haben. Oft ist der Fuchs z. B. der Schlaue, aber es gibt auch Fabeln, in denen er der Dumme ist!
- Mit einer Fabel wird immer eine **Lehre** erteilt: Anhand der Geschichte wird dem Leser erzählt, wie es dazu kommen kann, dass jemand Sieger oder Verlierer wird.

123 Welches ist in den drei Fabeln jeweils das starke oder schlaue Tier – und welches ist das schwache oder dumme Tier? Kreuze an. Wenn du bei einer Antwort unsicher bist oder sie dir nicht eindeutig erscheint, kennzeichnest du das mit **?**.

a **Wolf und Lamm**

	stark/schlau	schwach/dumm
Wolf	☐	☐
Lamm	☐	☐

b **Wolf und Reiher**	stark/schlau	schwach/dumm
Wolf	☐	☐
Reiher	☐	☐

c **Wolf und Hund**	stark/schlau	schwach/dumm
Wolf	☐	☐
Hund	☐	☐

124 Sind die Wölfe in allen drei Fabeln ähnlich oder sind sie eher unterschiedlich? Äußere deine Meinung dazu und begründe sie ausführlich. Gehe dafür auf das Verhalten der Wölfe ein.

Ich finde, die Wölfe in den drei Fabeln sind …

☐ sehr ähnlich.

☐ ein wenig unterschiedlich.

☐ vollkommen unterschiedlich.

Begründung: ____

____

____

____

Lesestrategien entwickeln

Eine Lehre verstehen

- Eine Lehre ist eine **allgemeine Aussage**, aus der der Leser etwas lernen soll.
- Der Formulierung nach trifft eine Lehre **grundsätzlich** zu.
- In der Regel vermittelt die Lehre einen **Ratschlag:** Der Leser soll verstehen, dass ein bestimmtes Verhalten Vorteile mit sich bringt. Oder ihm soll klar werden, dass er es besser unterlassen sollte.
- Die **Geschichte** (z. B. die vom Wolf und dem Lamm) ist als **Beispiel** zu verstehen. Der Leser muss diese Beispielgeschichte auf das Zusammenleben der Menschen **übertragen**, um die Lehre zu verstehen.
- Die Lehre kann im Text **ausdrücklich** ausgesprochen werden. Meist steht sie dann ganz am Ende. Es kann aber auch dem Leser überlassen bleiben, sich die Lehre **selbst zu überlegen**.

125 Welche Lehren werden in den drei Fabeln erteilt? Formuliere die Lehre jeweils mit eigenen Worten.

a Wolf und Lamm:

b Wolf und Reiher:

c Wolf und Hund:

Die Texte verstehen

Wolf und Lamm

126 Hat der Wolf von Anfang an die Absicht, das Lamm zu fressen? Entscheide. Begründe deine Entscheidung anschließend.

☐ Ja, er hat von Anfang an die Absicht.

☐ Nein, er entscheidet das erst am Ende.

Begründung:

127 „Mit Gewalt wollte er es nicht rauben.“ (Z. 1 f.)
Erkläre den Sinn der Aussage.

128 „Deshalb suchte er nach einem guten Schein zur Anklage.“ (Z. 2 f.)
Erkläre den Sinn der Aussage.

129 Welche Behauptungen stellt der Wolf auf – und was sagt das Lamm dazu? Trage die Aussagen in die Tabelle ein.

Behauptungen des Wolfs	Antworten des Lamms

130 Was will der Wolf erreichen?

____

131 Was will das Lamm erreichen?

____

132 Erteile dem Lamm einen Rat. (Überlege, was es besser hätte tun sollen.)

____

Wolf und Reiher

133 Wie geht es dem Wolf am Anfang – und wie geht es ihm am Ende?

- Am Anfang geht es ihm ______________________________
  weil ______________________________ .
- Am Ende geht es ihm ______________________________
  weil ______________________________ .

134 Was will der Wolf erreichen?

____

135 Was tut er, um sein Ziel zu erreichen?

____

136 Was will der Reiher erreichen?

____

137 Wer erreicht sein Ziel? Kreuze an und begründe deine Entscheidung.

- [ ] Wolf
- [ ] Reiher

Begründung: ______________________________

____

138 Es heißt, dass der Wolf den Reiher *mit Zähnefletschen angrinst* (vgl. Z. 9 f.). Erkläre, was er damit zum Ausdruck bringt. Stichworte genügen.

- Mit dem Zähnefletschen: ______________________________
- Mit dem Grinsen: ______________________________

139 Welchen Rat würdest du hier dem Verlierer erteilen?

____

____

Wolf und Hund

140 Welche Information erhältst du gleich am Anfang über den Hund?

____

141 Was kannst du dir über den Wolf denken? Ziehe eine Schlussfolgerung aus den Fragen, die er dem Hund stellt.

____

142 „Wie kommt es, dass dein Hals so fahl ist?“ (Z. 4)
Warum fragt der Wolf das?

Er drückt damit aus, dass er …

- [ ] interessiert ist.
- [ ] misstrauisch ist.
- [ ] neidisch ist.
- [ ] mitfühlend ist.

143 Welche Erklärung gibt der Hund auf die Frage des Wolfs? Formuliere sie mit eigenen Worten.

Mein Hals ist deshalb so fahl, weil ______________________________

____.

144 Erkläre, warum der Wolf den Hund am Ende auslacht.

____

____

145 Welche Entscheidung hat der Wolf am Schluss getroffen?

Lieber will ich hungern,

____

______________________.

Zu allen drei Fabeln

146 Bewerte das Verhalten der drei Wölfe. Erteile ihnen für ihr Verhalten eine Schulnote (1 bis 6). Begründe deine Bewertung anschließend.

Wolf und Lamm: Ich bewerte das Verhalten des Wolfs mit der Note ____.

Begründung: ______________________________

____

Wolf und Reiher: Ich bewerte das Verhalten des Wolfs mit der Note ____.

Begründung: ______________________________

____

Wolf und Hund: Ich bewerte das Verhalten des Wolfs mit der Note ____.

Begründung: ______________________________

____

Die Sprache untersuchen

Relativsätze

Ein Relativsatz ist eine besondere Art von **Nebensatz**.

- Man gibt mit einem Relativsatz **nachträglich** eine **Zusatzinformation** über eine Person oder Sache, von der gerade die Rede war.
- Eingeleitet wird ein Relativsatz mit einem **Relativpronomen** (*der, die, das; welcher, welche, welches*). Dieses steht für die Person oder Sache, über die nachträglich noch etwas gesagt werden soll.
- Das **finite Verb** steht immer **am Ende**.
- Relativsätze **folgen** entweder **dem zugehörigen Hauptsatz** – oder sie sind in ihn **hineingeschoben**.
- Ein Relativsatz wird durch **Komma** vom Hauptsatz abgetrennt. Bei **eingeschobenem Relativsatz** musst du **zwei Kommas** setzen (einmal vorn, einmal hinten).

Beispiele: Ein Wolf sah ein Lämmchen, das sich von der Schafherde verirrt hatte. *(Relativsatz nach dem Hauptsatz)*
Der Wolf machte dem Lamm, das auf der anderen Seite des Baches stand, unverschämte Vorwürfe. *(Relativsatz in den Hauptsatz eingeschoben)*

147 Kreise in den folgenden Sätzen jeweils das Relativpronomen ein und unterstreiche die Wörter, auf die sich das Relativpronomen bezieht.

a Du hast den Acker benagt, den ich mein nenne.

b Du trübtest mir den Quell, den ich trinke.

c Derjenige, der den Schlechten hilft, wird keinen guten Lohn ernten.

d Ein Wolf stieß einst auf einen Hund, der sehr fett war.

e Mein Hals wird von dem Halsband gerieben, das mein Ernährer mir herumschmieden ließ.

148 Wandle die Satzpaare jeweils in ein Satzgefüge um. Der zweite Satz soll zum Relativsatz werden. Die Position des Relativsatzes ist mit * gekennzeichnet.

a Ein Wolf * sah ein Lämmchen. Der Wolf hatte großen Hunger.

____

____

b Das Lämmchen * stand an einem Bach. Das Lämmchen hatte sich von seiner Herde verirrt.

____

____

c Ein Reiher sollte einem Wolf einen Knochen herausziehen *. Der Knochen war ihm im Rachen stecken geblieben.

____

____

d Der Wolf verweigerte dem Reiher anschließend den Lohn *. Er hatte ihm den Lohn versprochen.

____

____

e Ein Wolf traf auf einen Hund *. Der Hund sah wohlgenährt aus.

____

____

Richtig schreiben

Zeichensetzung zwischen Sätzen

- Normalerweise wird das Ende eines Satzes mit einem **Satzschlusszeichen** markiert (**. ?** oder **!**).
- Es ist aber auch möglich, die Grenze zwischen zwei Sätzen durch ein **Komma** oder ein **Semikolon** (; auch „Strichpunkt“ genannt) zu kennzeichnen.
- Mit dem Satzzeichen zeigst du an, wie **stark die Trennung** zwischen den Sätzen erscheinen soll:
  - Punkt, Fragezeichen oder Ausrufezeichen: **starke** Trennung
  - Komma: **schwache** Trennung
  - Semikolon: **mittlere** Trennung

Beispiele: Dem Wolf steckte ein Knochen im Schlund. Er hatte große Schmerzen. *(starke Trennung)*
Er wollte von der Qual erlöst werden, deshalb bat er den Reiher um Hilfe. *(schwache Trennung)*
Der Reiher erwartete eine Belohnung; die bekam er aber nicht. *(mittlere Trennung)*

149 Markiere die Grenzen zwischen den einzelnen Sätzen durch ein geeignetes Satzzeichen: **, ; . ?** oder **!**. Schreibe den Text anschließend ab (→ Heft). Beachte die Großschreibung am Satzanfang.

Eine Maus wollte über ein Wasser gelangen sie konnte aber nicht schwimmen da bat sie einen Frosch um Hilfe der Frosch war hinterlistig er band den Fuß der Maus an seinem eigenen Fuß fest so wollte er mit ihr ans andere Ufer schwimmen aber in Wirklichkeit wollte er der Maus gar nicht helfen er wollte sie ertränken er tauchte sie unter Wasser doch die Maus wehrte sich und zappelte da kam ein Raubvogel vorbei der schnappte die Maus und fraß sie der Frosch hing aber durch das Band an der Maus fest deshalb landete er mit im Schnabel des Raubvogels und wurde auch gefressen

Zeichensetzung im Satzgefüge

In einem **Satzgefüge** werden die Grenzen **zwischen Hauptsatz und Nebensatz** grundsätzlich durch **Komma** angezeigt. Wenn ein Nebensatz in einen Hauptsatz **eingeschoben** ist, muss er **vorn und hinten** durch Komma vom Hauptsatz abgetrennt werden. Man spricht dann auch von einem **paarigen Komma** (ein Paar = zwei).

Beispiele: Der Wolf wollte ein Lämmlein fressen, weil er hungrig war.
(Hauptsatz vorn, Nebensatz an zweiter Stelle)
Da er für sein Verhalten nach einem Grund suchte, beschuldigte er das Lamm.
(Nebensatz vorn, Hauptsatz an zweiter Stelle)
Seine Anklagen waren aber, da sie nicht stimmten, haltlos.
(Nebensatz in einen Hauptsatz eingeschoben)

150 Markiere in dem folgenden Text die Grenzen zwischen Haupt- und Nebensätzen durch ein Komma. Unterstreiche anschließend jeweils den Hauptsatz.

Als eine Stadtmaus einen Spaziergang aufs Land machte traf sie unterwegs eine Feldmaus. Weil die Feldmaus eine gute Gastgeberin sein wollte bot sie der Stadtmaus ein paar Eicheln an. Da bedauerte die Stadtmaus ihre Verwandte vom Lande die nur so wenig zu fressen hatte. Sie lud sie zu sich in die Stadt ein wo sie ihr die besten Speisen vorsetzen wollte. Die Feldmaus folgte der Einladung obwohl sie ein wenig skeptisch war. Sie hatte schon so viel davon gehört dass das Leben in der Stadt gefährlich sei. Während die beiden Mäuse die Vorratskammern durchstöberten und über den Speck herfielen hörten sie plötzlich einen heftigen Lärm an der Tür. Das war der Kellermeister der eine Flasche Wein holen wollte. Die Stadtmaus fand schnell ein Loch in dem sie sich verkriechen konnte. Aber die Feldmaus huschte ängstlich hin und her weil sie sich in der fremden Umgebung nicht auskannte. Nachdem der Kellermeister gegangen war verabschiedete sich die Feldmaus von ihrer reichen Verwandten. Sie wollte lieber weiter auf dem Land leben weil sie sich dort sicher fühlte. Wenn man in der Stadt so gefährlich lebte wollte sie lieber arm bleiben und nur Eicheln fressen.

Sich schriftlich äußern

Einen Text umgestalten

Grundsätzlich gibt es zwei Möglichkeiten für die Umgestaltung eines Textes: Entweder du änderst die **Darstellung**, also die Art, wie eine Handlung **erzählt wird**. Oder du änderst die **Handlung**; dann nimmt das Geschehen einen anderen Verlauf.

Beispiele:

- Du änderst die **Sprache** eines Textes: Statt in gehobenem, gutem Deutsch könntest du eine Geschichte z. B. in der Alltagssprache erzählen.
- Du änderst die **Perspektive** und erzählst die Handlung z. B. **aus der Sicht einer beteiligten Person**. Dann musst du dich in diese Person hineinversetzen und versuchen, das Geschehen so zu erzählen, wie es ihrem Erleben entsprechen könnte.
- Du änderst die **Handlung:** Wenn die Originalgeschichte z. B. davon erzählt, dass jemand am Ende einen Schaden erleidet, könntest du den Ablauf des Geschehens so darstellen, dass der Geschädigte schließlich als Sieger dasteht.

151 Wähle eine der drei Fabeln aus, und erzähle sie neu. Ändere dabei den **Ablauf der Handlung**. Schreibe ungefähr 150 Wörter (→ Heft).

- **Wolf und Lamm:** Die Geschichte geht so aus, dass das Lamm nicht vom Wolf gefressen wird.
- **Wolf und Reiher:** Der Reiher schafft es, den versprochenen Lohn zu bekommen. Oder er ist von Anfang an vorsichtig und verweigert dem Wolf seine Hilfe.
- **Wolf und Hund:** Der Wolf schließt sich dem Hund an, in der Hoffnung, dann auch immer gut gefüttert zu werden. Überlege in diesem Fall, ob der Wolf sich am Ende besser fühlt als vorher.

Kapitel 7: Der Erpresser

VON RENATE WELSH

Konstantin war zwölf, sein Bruder acht und seine Schwester fünf Jahre alt, als die Mutter starb. Der Vater arbeitete als Hilfskraft am Bau. Er machte sich Sorgen, seine Kinder könnten verwahrlosen, weil sie so viel sich selbst überlassen waren. Daher prügelte er sie für jedes Vergehen.

Konstantin hatte nie besonders gut gelernt, jetzt versagte er völlig. Er musste die sechste und dann auch die siebte Klasse der Hauptschule wiederholen. Konstantin saß also mit vierzehn in der siebten Klasse der Hauptschule. Sein Nachbar Ronald, ein kleiner, zarter Junge, bat ihn um Schutz vor einem anderen Mitschüler, der ihn immer wieder verprügelte, und bot ihm dafür Geld an. Mit dem Geld ging Konstantin ins Kino, manchmal kaufte er sich Süßigkeiten oder eine Wurst.

Eines Abends war Konstantin frech zu seinem Vater. „Ich will dich nicht mehr sehen, schleich dich!“, sagte sein Vater.

Konstantin ging. Er übernachtete mehrmals in einem Heizungskanal, einmal bei seiner Großmutter, die ihn aber nach Hause zurückschicken wollte. Ronald versorgte ihn mit Geld und Essen. Einmal kam Ronald drei Tage lang nicht. Da drohte Konstantin, ihn zu verprügeln, wenn er ihm nichts mehr brächte. Ronald stahl daraufhin Geld aus der Kasse des elterlichen Textilgeschäfts.

Jetzt ist Konstantin der Erpressung und gefährlichen Drohung angeklagt, außerdem des Diebstahls. Er hat aus einem offenen Wagen eine Pelzimitationsjacke[1] gestohlen. Die Jacke liegt auf dem Richtertisch. Ein Erzieher aus dem Heim, in das Konstantin nach seiner Festnahme eingewiesen wurde, begleitet ihn.

Konstantin wird zu drei Monaten strengem Arrest[2] verurteilt, ausgesetzt auf eine Bewährungszeit[3] von drei Jahren.

Sein Vater steht auf. „Zu wenig ist das“, sagt er gepresst. „Meiner Ansicht nach ist das zu wenig.“

„Widerspruch einlegen können Sie nur, wenn Ihnen das Urteil zu streng erscheint“, erklärt der Richter.

1 *Imitation:* Nachahmung, *Pelzimitationsjacke:* Jacke aus unechtem Pelz

2 *Arrest:* Haft

3 *zur Bewährung ausgesetzt:* Der Verurteilte bekommt die Chance, sich zu bewähren; wenn er nicht rückfällig wird, braucht er die Strafe nicht anzutreten.

Der Vater hat rote Augen. Seine Hände sind fahrig.

„Ich möchte dir noch ganz privat einen Rat mitgeben“, sagt der Richter zu Konstantin. „Versuch nicht, aus dem Heim auszubrechen. Das führt zwangsläufig wieder zu Diebstählen, und zuletzt wirst du doch erwischt.“

„Ich will eh nicht fort von dort“, sagt Konstantin.

Textsorten kennen

Besonderheiten beim Er-Erzähler

Ein Er-Erzähler stellt den Ablauf der Handlung aus einer **Außensicht** dar (*Konstantin … Er …*). Seine **Darstellung** kann **unterschiedlich** ausfallen:

- Er kann das Geschehen wie ein **nüchterner Beobachter** beschreiben und nur das erzählen, was passiert. In diesem Fall verhält er sich **neutral**.
- Er kann **zeigen, was er von den Ereignissen hält**, die in der Geschichte passieren. Insbesondere kann er sich zum Verhalten der Personen äußern. Dann ist er nicht neutral, sondern vertritt eine **bestimmte Meinung**.

152 Wie verhält sich der Erzähler der Geschichte „Der Erpresser“? Kreuze an.

☐ Er zeigt, was er von den einzelnen Personen hält.

☐ Er beschreibt nur den Ablauf der Handlung.

153 Was hältst du von der Beziehung zwischen Konstantin und seinem Vater? Kreuze an und begründe deine Meinung.

Die Beziehung zwischen Konstantin und seinem Vater ist …

☐ gut.

☐ mittelmäßig.

☐ schlecht.

Begründung: ____

____

____

Lesestrategien entwickeln

Zusätzliche Informationen einbeziehen

Oft ist es klug, wenn du dir über einen **Sachverhalt**, von dem im Text die Rede ist, **zusätzliche Informationen** beschaffst. Dann verstehst du einige **Textaussagen** besser.

Beispiel: In dem Text „Der Erpresser“ werden der Hauptperson einige Straftaten vorgeworfen. Es heißt, Konstantin sei der Erpressung, der gefährlichen Drohung und des Diebstahls angeklagt (vgl. Z. 20 f.). Um zu verstehen, was das genau bedeutet, kannst du die entsprechenden Gesetzestexte lesen.

154 Lies den Auszug aus dem Strafgesetzbuch. Trage dann die Straftaten in die linke Tabellenspalte ein: *Bedrohung, Diebstahl, schwerer Diebstahl, Erpressung.*

Auszug aus dem Strafgesetzbuch

§241 Bedrohung. (1) Wer einen Menschen mit der Begehung eines gegen ihn oder eine ihm nahestehende Person gerichteten Verbrechens bedroht, wird mit Freiheitsstrafe bis zu einem Jahr oder mit Geldstrafe bestraft. [...]

§242 Diebstahl. (1) Wer eine fremde bewegliche Sache einem anderen in der Absicht wegnimmt, die Sache sich [...] rechtswidrig zuzueignen, wird mit Freiheitsstrafe bis zu fünf Jahren oder mit Geldstrafe bestraft.

§243 Besonders schwerer Fall des Diebstahls. (1) [...] Ein besonders schwerer Fall liegt in der Regel vor, wenn der Täter [...] eine Sache stiehlt, die durch ein verschlossenes Behältnis oder eine andere Schutzvorrichtung gegen Wegnahme besonders gesichert ist [...]. (2) [...] ein besonders schwerer Fall (ist) ausgeschlossen, wenn sich die Tat auf eine geringwertige Sache bezieht.

§253 Erpressung. (1) Wer einen Menschen rechtswidrig mit Gewalt oder durch Drohung mit einem empfindlichen Übel zu einer Handlung, Duldung oder Unterlassung nötigt, [...] um sich [...] zu Unrecht zu bereichern, wird mit Freiheitsstrafe bis zu fünf Jahren oder mit Geldstrafe bestraft.

Straftat	Täter	Tatmerkmale	Opfer
	erzeugt Angst	jmd. ein Verbrechen androhen (oder den Menschen, die ihm nahestehen)	bekommt Angst
	bereichert sich	von jmd. verlangen, dass er etwas Bestimmtes tut / lässt	bekommt Angst/ erleidet Schaden
	bereichert sich	jmd. eine Sache wegnehmen	erleidet materiellen Schaden
	bereichert sich	jmd. eine Sache wegnehmen, die unter Verschluss war	erleidet erheblichen materiellen Schaden

Den Text verstehen

155 Warum prügelt der Vater seine Kinder? Kreuze an.

- ☐ Er ist ein brutaler Mensch.
- ☐ Er hat es nicht anders gelernt.
- ☐ Er macht sich Sorgen um sie.

156 Schreibe die Textstelle heraus, an der du das erkennst.

___

___

157 Es heißt, der Vater prügle seine Kinder „für jedes Vergehen“ (Z. 4). Wofür könnte er sie prügeln? Nenne drei mögliche Beispiele.

- ▶ ___
- ▶ ___
- ▶ ___

158 Welche Position hat Konstantin innerhalb der Geschwisterreihe? Kreuze an.

- ☐ Er ist der Jüngste.
- ☐ Er ist der Mittlere.
- ☐ Er ist der Älteste.

159 Wie oft bleibt Konstantin sitzen? Kreuze an.

- ☐ einmal
- ☐ zweimal
- ☐ dreimal

160 Wie alt ist Konstantin, als er zum zweiten Mal die siebte Klasse besucht? Kreuze an.

- ☐ 12 Jahre
- ☐ 13 Jahre
- ☐ 14 Jahre
- ☐ 15 Jahre

161 **a** Wie fühlt sich Konstantin wohl, als er zum zweiten Mal die siebte Klasse besucht? Nimm eine Einschätzung vor. Setze ein Kreuz.

☹ 5 4 3 2 1 😐 1 2 3 4 5 ☺

b Begründe deine Entscheidung.

____

____

162 Warum hilft Konstantin seinem Sitznachbarn Ronald? Kreuze an und begründe deine Meinung.

	trifft zu	trifft nicht zu
Er will ihm helfen.	☐	☐
Er will ihn ausnutzen.	☐	☐

Begründung: ________________________________

____

163 Wie lebt Konstantin, nachdem der Vater ihn weggeschickt hat? Kreuze an, was überwiegend der Fall ist.

☐ Er lebt bei seiner Großmutter.

☐ Er lebt auf der Straße.

164 Hat Konstantin einen festen Aufenthaltsort? Kreuze an und begründe dann.

☐ Ja, er hat einen festen Aufenthaltsort.

☐ Nein, er hat keinen festen Aufenthaltsort.

Begründung: ________________________________

____

165 Wie nennt man die Straftat, die Konstantin begangen hat, nachdem Ronald drei Tage lang nicht gekommen ist? Begründe deine Entscheidung.

Straftat: ________________________________

Begründung: ________________________________

166 Wie nennt man die Straftat, die Ronald begangen hat, um nicht von Konstantin verprügelt zu werden? Begründe deine Entscheidung.

Straftat: ______________________________

Begründung: ______________________________

167 Welche Straftat hat Konstantin begangen, als er die Pelzimitationsjacke gestohlen hat? Kreuze an und begründe deine Entscheidung.

☐ Diebstahl

☐ schwerer Diebstahl

Begründung: ______________________________

____

168 Wer – außer dem Richter und Konstantin – ist bei dem Prozess anwesend?

▶ ____________________ ▶ ____________________

169  Hat der Richter recht, wenn er sagt, es würde „zwangsläufig wieder zu Diebstählen“ (Z. 33 f.) führen, wenn Konstantin aus dem Heim ausbrechen würde?

☐ Ja, er hat recht.

☐ Nein, er hat nicht recht.

Begründung: ______________________________

____

170  Wie sehr ist Konstantin deiner Meinung nach zu verurteilen?

Konstantin ist für seine Straftaten …

☐ sehr zu verurteilen.

☐ zu verurteilen.

☐ ein wenig zu verurteilen.

☐ kaum zu verurteilen.

Begründung: ______________________________

____

____

____

Die Sprache untersuchen

Zeitformen der Vergangenheit

Es gibt drei Formen der Vergangenheit: **Präteritum**, **Perfekt** und **Plusquamperfekt**. Perfekt und Plusquamperfekt drücken **Vorzeitigkeit** aus.

- Das **Perfekt** verwendet man, wenn man etwas im **Präsens** darstellt und zwischendurch einen **Rückblick in die Vergangenheit** werfen will.
  Beispiel: Konstantin steht vor Gericht. *(Präsens)*
  Er hat eine Pelzimitationsjacke gestohlen. *(Rückblick im Perfekt)*
- Das **Plusquamperfekt** drückt Vorzeitigkeit in Bezug auf das **Präteritum** aus.
  Beispiel: Konstantin versagte in der Schule. *(Präteritum)*
  Er hatte noch nie besonders gut gelernt. *(Rückblick im Plusquamperfekt)*
- Die **Formen** des Perfekts und Plusquamperfekts bildest du mit den **Hilfsverben** *haben* und *sein* und dem **Partizip Perfekt** des (Haupt-)Verbs.

171 Ergänze die fehlenden Formen in der zweiten Tabelle.

Überblick über die Zeitformen der Vergangenheit mit dem Hilfsverb „haben“:

	Präsens	Perfekt	Präteritum	Plusquamperfekt
ich	sag**e**	**habe ge**sag**t**	sag**te**	**hatte ge**sag**t**
du	sag**st**	**hast ge**sag**t**	sag**test**	**hattest ge**sag**t**
er, sie, es	sag**t**	**hat ge**sag**t**	sag**te**	**hatte ge**sag**t**
wir	sag**en**	**haben ge**sag**t**	sag**ten**	**hatten ge**sag**t**
ihr	sag**t**	**habt ge**sag**t**	sag**tet**	**hattet ge**sag**t**
sie	sag**en**	**haben ge**sag**t**	sag**ten**	**hatten ge**sag**t**

Überblick über die Zeitformen der Vergangenheit mit dem Hilfsverb „sein“:

	Präsens	Perfekt	Präteritum	Plusquamperfekt
ich	reis**e**	**bin ge**reis**t**	reis**te**	**war ge**reis**t**
du				
er, sie, es				
wir				
ihr				
sie				

Regelmäßige und unregelmäßige Verben

- Viele Verben bilden die Formen der Vergangenheit **regelmäßig:** Beim **Präteritum** wird vor die Personalendung der Buchstabe **t** oder das Buchstabenpaar **te** eingefügt, und das **Partizip Perfekt** wird mit dem Präfix **ge-** gebildet.
  Beispiele: sag | en → sagte → gesagt
  kauf | en → kaufte → gekauft
- Es gibt aber auch **unregelmäßige Verben:** Bei ihnen kommt es beim Bilden der Vergangenheitsformen zu einem **Wechsel des Vokals**.
  Beispiele: sprechen → sprach → gesprochen
  gehen → ging → gegangen

172 Welche der folgenden Verben sind **regelmäßig**, welche **unregelmäßig**? Ordne sie der richtigen Tabelle zu und trage jeweils die drei Formen (Infinitiv, 1./3. Person Singular Präteritum, Partizip Perfekt) ein.

lesen, spielen, kommen, lachen, schwimmen, klagen, schreiben, sitzen, kochen, lieben, fragen, trinken

Regelmäßige Verben

Infinitiv	1./3. Pers. Sing. Präteritum	Partizip Perfekt
spielen	spielte	gespielt

Unregelmäßige Verben

Infinitiv	1./3. Pers. Sing. Präteritum	Partizip Perfekt
lesen	las	gelesen

173 Bilde aus den Verben jeweils die richtige Form des **Partizips Perfekt**.

Hinweis: Das Partizip Perfekt bildest du in der Regel mit dem Präfix **ge-**. Bei Verben, die schon in der Grundform bestimmte Präfixe haben, schiebt sich das **ge-** hinter das erste Präfix. Manchmal wird das Partizip auch mit den Präfixen **be-** oder **ver-** gebildet. Dann enthält schon der Infinitiv diese Präfixe.

a stärken ______ b verstecken ______

c aufführen ______ d ärgern ______

e bewegen ______ f bezahlen ______

g verdienen ______ h ansagen ______

174 Bilde jeweils die angegebenen Zeitformen.

a essen *(Präteritum, ich)* ich aß

b lesen *(Plusquamperfekt, er)* ______

c schreiben *(Präsens, sie – Plural)* ______

d fliegen *(Präteritum, er)* ______

e schwimmen *(Perfekt, ihr)* ______

f lachen *(Präteritum, wir)* ______

g telefonieren *(Perfekt, ihr)* ______

h laufen *(Plusquamperfekt, du)* ______

175 Stelle **Vorzeitigkeit** her (Zeitformen: Plusquamperfekt und Präteritum). Verwende die Konjunktionen *als* oder *nachdem*. Unterstreiche jeweils die **Konjunktion** und die **Verbformen**.

Hinweis: Vergiss nicht das Komma zwischen Nebensatz und Hauptsatz!

a Konstantins Mutter stirbt. → Der Vater macht sich Sorgen.

Als Konstantins Mutter gestorben war, machte sich der Vater große Sorgen.

b Konstantin versagt in der Schule. → Er bleibt sitzen.

______

c Der Vater prügelt die Kinder. → Konstantin wird frech.

______

d Der Vater ärgert sich über Konstantin. → Dieser läuft von zu Hause fort.

____

e Ronald bringt ihm einmal kein Essen. → Konstantin bedroht ihn.

____

f Konstantin stiehlt eine Jacke. → Er kommt vor den Richter.

____

176 Bearbeite die folgenden Aufgaben zum Text.

a Ein Teil der Geschichte ist im **Präsens** verfasst – und ein anderer Teil im **Präteritum**. Ergänze die fehlenden Angaben.

Der erste Teil (Z. ____ bis Z. ____) steht im ______________________.

Der zweite Teil (Z. ____ bis Z. ____) steht im ______________________.

b Unterstreiche sowohl im **ersten Teil** als auch im **zweiten Teil** jeweils eine Textstelle, in der **Vorzeitigkeit** ausgedrückt wird.

c In welcher Zeitform steht die Äußerung, die Konstantins Vater macht, nachdem der Richter das Urteil gesprochen hat?

Die Äußerung steht im ______________________.

d In welcher Zeitform steht die Äußerung, die der Richter daraufhin macht?

Die Äußerung steht im ______________________.

Richtig schreiben

Lang gesprochene Vokale richtig schreiben

- Normalerweise werden **lang** gesprochene **Vokale nicht extra gekennzeichnet**. Wörter, in denen ein lang gesprochener Vokal durch **Dehnungs-h** (z. B. *Bohne*) oder **Vokalverdoppelung** (z. B. *Saal*) gekennzeichnet wird, sind **eher die Ausnahme** als die Regel.
- Vokale werden meist **lang** gesprochen, wenn sie am **Ende einer Silbe** stehen. Eine besondere Kennzeichnung ist dann nicht nötig.
  Beispiele: Wa | gen, re | den, sa | gen, Me | ter, Bo | te, Fa | den, le | gen, Ro | se
- Einsilbige Wörter, in denen der Vokal lang gesprochen wird, lassen sich oft **verlängern** – oder es gibt ein **verwandtes zweisilbiges Wort**. Dann rutscht der Konsonant an den Anfang der zweiten Silbe.
  Beispiele: Mut – mu | tig, Hut – Hü | te, gut – gu | tes (Buch), Rat – ra | ten

177 Finde zu den folgenden Wörtern ein **verwandtes Wort** oder eine **andere Form**, sodass der Konsonant vom Silbenende an den Anfang der nachfolgenden Silbe rutscht. Markiere jeweils die Grenze zwischen den Silben.

a	Wut	wü | tend	b	Weg	
c	Blut		d	Los	
e	Tag		f	Steg	
g	spät		h	Ton	

Wörter mit Doppelvokal

In einigen Fällen werden lang gesprochene Vokale aber doch extra **gekennzeichnet**. Allerdings gibt es dafür **keine festen Regeln**. Deshalb musst du dir die Schreibweise dieser Wörter merken. Das gilt vor allem für Wörter mit **Doppelvokal**. Die wenigen Wörter mit Doppelvokal lernst du am besten auswendig.

178 Trage die Wörter mit Doppelvokal in die passende Spalte der Tabelle ein.

Meer, Waage, Fee, paar[4], (das) Paar[5], Beet, Tee, Saal, Moor, Aal, Boot, Staat, Klee, Aas, Speer, Armee, Saat, Zoo, Idee, Teer, Beet, Gelee, Moos, Schnee, Kaffee, See, Haar, Seele, leer, Heer

4 *paar:* einige
5 *(das) Paar:* immer nur zwei, die zusammengehören

Wörter mit aa	Wörter mit ee	Wörter mit oo

Wörter mit Dehnungs-h

- Bei einigen Wörtern wird ein lang gesprochener Vokal mit einem **Dehnungs-h** gekennzeichnet. Ein Dehnungs-h steht nur **vor den Konsonanten l, m, n** oder **r**. Aber nicht immer wird ein lang gesprochener Vokal vor einem dieser Konsonanten mit einem Dehnungs-h gekennzeichnet! Deshalb ist es auch hier wichtig, dass du die entsprechenden Wörter kennst.
  Beispiele: Zahl, stehlen, Rahm, nehmen, Bohne, lohnen, Fahrer, Uhr
  Aber: Maler, Gel, Samen, wem, Ton, schonen, Ware, Spur
- Nicht immer ist das h, das nach einem langen Vokal folgt, ein Dehnungs-h. Oft markiert ein solches h auch den **Beginn einer neuen Silbe**.
  Beispiele: nä | hen, Rei | he, lei | hen, beja | hen, dro | hen, Hö | he, Mü | he

179 Suche aus dem Text „Der Erpresser" alle Wörter heraus, in denen **nach einem Vokal ein h** folgt. Ordne sie in die richtige Spalte der folgenden Tabelle ein. Schreibe sie in der Grundform auf.

Wörter mit Dehnungs-h	Wörter mit h am Silbenanfang

Der lang gesprochene i-Laut

- Im Deutschen wird der lang gesprochene i-Laut in der Regel als **ie** geschrieben.
  Beispiele: Miete, lieben, wiegen, dienen, Sieg
- **Ausnahmen** bilden nur einige wenige Wörter, die meist aus einer anderen Sprache stammen.
  Beispiele: Maschine (*frz.*), Gardine (*niederl.*), Tiger (*griech.*)

180 Suche im Text „Der Erpresser" nach Wörtern, in denen der **i-Laut lang** gesprochen und trotzdem nur mit **i geschrieben** wird. Du musst fünf Wörter finden. Schreibe sie heraus.

▶ ______________________ ▶ ______________________

▶ ______________________ ▶ ______________________

▶ ______________________

Sich schriftlich äußern

Nach „Reizwörtern" eine Geschichte erzählen

Manchmal bekommst du ein paar sogenannte „Reizwörter" vorgegeben, verbunden mit dem Auftrag, eine **Geschichte** zu schreiben, in der **diese Wörter vorkommen**. Dann gehst du am besten so vor:

- Schreibe alle Wörter auf ein großes Blatt. Notiere zu jedem der Wörter **stichwortartig** deine **Einfälle**.
- Überlege dir einen **Zusammenhang:** In welcher **Situation** könnten die Wörter vorkommen? Wenn dir eine Situation eingefallen ist, hast du die **Grundidee** für deine Geschichte.
- Lege nun die **Reihenfolge** der „Reizwörter" fest: **Nummeriere** sie.

Nach diesen Vorbereitungen fängst du an, deinen Text zu schreiben.
Deine Geschichte sollte aus **drei Abschnitten** bestehen:

1. Mit einer kurzen **Einleitung** (zwei bis drei Sätze) führst du in das Geschehen ein.
2. Im **Hauptteil** wird die eigentliche Handlung erzählt. Versuche hier, die Spannung nach und nach zu steigern.
3. Runde deine Geschichte mit einem kurzen **Schluss** ab (wieder zwei bis drei Sätze).

181 Schreibe eine Geschichte, in der diese „Reizwörter" vorkommen:

Nomen: Nacht – Bett – Herzklopfen
Verben: knistern – schleichen – lauschen

a Trage deine Einfälle zu diesen „Reizwörtern" in die Tabelle ein.

Nacht	Bett	Herzklopfen
knistern	**schleichen**	**lauschen**

b Lege die Grundidee fest. Stichworte genügen.

____

____

____

____

c Nummeriere deine „Reizwörter" in der Tabelle.

d Schreibe deine Geschichte. Verwende ungefähr 250 Wörter (→ Heft).

e Überlege dir zum Schluss eine passende Überschrift.

Kapitel 8: Europa

VON WILLI FÄHRMANN

Im Land Phönizien[1] ereignete sich zur Zeit des Königs Agenor eine merkwürdige Geschichte. Die Königstochter Europa träumte eines Nachts, dass zwei Erdteile in menschlicher Gestalt an ihr Bett traten und sich um sie stritten. Asien hieß der eine. Den Namen des anderen kannte sie nicht. Asien sagte: „Europa ist bei mir in Asien geboren und aufgewachsen. Sie gehört hierher und sonst nirgendwo hin." Der andere Erdteil stritt hart mit Asien und rief: „Wo kämen wir denn hin, wenn jeder in dem Nest, in dem er geboren wird, hocken bleibt? [...]"

Der Streit ging hin und her. Plötzlich nahm der für Europa fremde Erdteil das Mädchen und entführte es. „Eine Königin wirst du werden", flüsterte er Europa zu. „Viele Länder werden nach deinem Namen benannt werden." Dann zerflatterten die Traumbilder.

Europa erwachte und sann nach über diesen seltsamen Traum. Wer nur hat mir diese Bilder geschickt, dachte sie, und was mögen sie bedeuten? Doch sie vergaß das Traumgespinst auch wieder.

Mit ihren Freundinnen und den Dienerinnen wollte Europa eines Nachmittags zu einer Wiese am Meeresstrand gehen. Dort wuchsen besonders schöne Blumen dicht bei dicht. Die Mädchen begannen davon zu pflücken und wollten sich Kränze binden. Sie fanden so viele Blüten, dass ihre Hände sie kaum noch fassen konnten. [...] Im Kreis saßen sie schließlich beieinander, sangen und erzählten Geschichten und die Blumenkränze wuchsen unter ihren geschickten Fingern.

Vom Olymp herab fiel der Blick des Gottes Zeus auf die schöne Europa. Leidenschaft flammte in seinem Herzen auf. Gern hätte er das Mädchen für sich gewonnen. Aber er fürchtete die Eifersucht und den Zorn seiner Gattin Hera, wenn er sich Europa nähern würde.

Doch Liebe macht erfinderisch. Er wies seinen Sohn Hermes an, einige Rinder [...] zu den Mädchen an den Strand zu treiben. Kaum war Hermes davongeeilt, um den Befehl seines Vaters auszuführen, verwandelte sich Zeus in einen Stier. Aber das war kein Arbeitsstier wie tausend andere, nein, es war der wundervollste Stier, den die Erde je getragen hatte. Sein Fell war glatt und

1 *Phönizien:* Landschaft an der Mittelmeerküste im Grenzgebiet der heutigen Staaten Syrien, Libanon und Israel

glänzte wie Gold, die breite Stirn zeigte einen schneeweißen Fleck, und es sah aus, als ob er sich mit einem Diadem geschmückt hätte. Und erst die Hörner! Völlig gleichmäßig waren sie gewachsen und glichen der Farbe von edlem Bernstein.

Zeus gesellte sich zu den Rindern, die Hermes [...] genau zu dem Platz trieb, an dem die Mädchen saßen. Die Tiere verharrten in einigem Abstand und begannen friedlich zu grasen. Nur der herrliche Stier kam langsam näher.

Zuerst wichen die Mädchen ein paar Schritte zurück, doch das Tier hatte nichts Bedrohliches an sich, ja, es trieb vor den Augen der Mädchen allerlei Scherze, drehte sich im Kreise, machte lustige Sprünge und schien einen Tanz zu versuchen. Europa näherte sich als Erste dem zutraulichen Stier, kraulte ihm das weiche Fell und fütterte ihn mit saftigen Kräutern. [...]

Da sank der Stier vor ihr in die Knie. „Lasst uns auf seinem Rücken reiten", schlug Europa vor. „Dort ist Platz für wenigstens vier von uns." Übermütig schwang sie sich auf den Stierrücken. Doch schnell richtete sich das Tier auf, und ohne auf ein anderes Mädchen zu warten, trabte er los, lief immer schneller und rannte in das Meer hinein. Der Stier schwamm weit hinaus, immer weiter und achtete nicht auf Europas Weinen und Flehen, sie doch zurückzutragen.

Das Mädchen klammerte sich an den Hörnern fest. Die Küste war schon nicht mehr zu sehen. Der Tag neigte sich, es brach die Nacht herein, doch der Stier ermüdete nicht. Europa wusste nicht, wie weit er schon mit ihr geschwommen war, als im Morgengrauen endlich wieder Land am Horizont auftauchte.

An der Küste Kretas stieg das Tier ans Ufer, beugte seinen kräftigen Nacken und ließ Europa absteigen. Dann verschwand der Stier im Morgendunst. Verlassen stand das Mädchen am Strand und schrie seinen Jammer weit über das Meer hin. Niemand hörte Europas Stimme. Sie sank zu Boden und war bereit zu sterben.

Da trat aus dem nahen Wald ein junger Mann hervor. „Fürchte dich nicht vor mir", sagte er, „ich bin der Herrscher über diese schöne Insel. Ich werde dir Schutz gewähren."

Es blieb jedoch nicht allein bei dem versprochenen Schutz, der junge Mann bedrängte sie, seine Frau zu werden. In ihrer Angst stimmte Europa zu. Der Mann aber war kein anderer als Zeus selbst. Es dauerte nicht lange, dann verschwand er genau wie der Stier, und Europa war einsamer als zuvor.

Sie stieg auf eine steile Klippe über dem Meer und war so verzweifelt, dass sie sich in den Tod stürzen wollte. Doch da hörte sie hinter sich ein leises Lachen. Sie schaute sich um. Ihr Blick traf auf eine Frau, eine göttliche Erscheinung, prächtig anzuschauen. Sie hatte einen kleinen Jungen bei sich, der Pfeil und Bogen trug. Europa ahnte, dass Aphrodite, die Göttin der Liebe, vor ihr stand.

„Lass das Weinen", sprach die Göttin. „Zeus selbst war es, der dir in dem Stier und in der Gestalt des jungen Mannes erschienen ist. Du wirst einen Sohn von ihm zur Welt bringen. Sein Name soll Minos sein. Du, Europa, und Minos, der Zeussohn, werdet über die Insel Kreta herrschen. Der ganze Erdteil, zu dem diese Insel gehört, wird deinen Namen tragen und Europa heißen."

Nun fiel Europa wieder ein, was sie in dem Palast ihres Vaters geträumt hatte, und sie erkannte die Bedeutung des Traums. […] Alles, was Aphrodite ihr verhieß, wurde Wirklichkeit. So wurde Kreta die Wiege Europas.

Textsorten kennen

Die klassische Sage

- Sagen sind Geschichten, die **vor langer Zeit entstanden** und von Generation zu Generation **mündlich weitererzählt** wurden, ehe sie eines Tages aufgeschrieben wurden.
- Ähnlich wie in Märchen geschehen in Sagen auch **zauberhafte Dinge**. Aber die Handlungen ereignen sich meist an einem **bestimmten Ort**, dessen Name auch erwähnt wird. Dadurch wird der **Eindruck** erweckt, als sei das Geschehen, von dem erzählt wird, **tatsächlich wahr** gewesen.
- Am ältesten sind die **Götter- und Heldensagen**, die es in vielen alten Kulturen gab. Besonders berühmt sind die klassischen Sagen aus dem antiken Griechenland; sie sind heute mehr als 2 000 Jahre alt.
- In vielen klassischen Sagen wird etwas über das Schicksal von Menschen erzählt. Man glaubt, dass die Geschichten grundlegende **Wahrheiten über das Leben** der Menschen widerspiegeln. Deshalb hat es bis heute immer wieder Schriftsteller gegeben, die den Stoff alter Sagen noch einmal aufgegriffen und ganz neu gestaltet haben. Auch Maler und Bildhauer haben sich von diesen alten Geschichten inspirieren lassen.

182 **a** Notiere die Namen der Orte, die in der Sage „Europa“ genannt werden.

▶ ____________________ ▶ ____________________

b Erkläre, welcher Ort in dieser Sage am wichtigsten ist – und warum?

____

183 Schreibe in einem Satz auf, worum es in dieser Sage geht.

____

184 Nenne die Namen der Götter, von denen die Rede ist.

▶ ____________________ ▶ ____________________

▶ ____________________ ▶ ____________________

185 Welcher Mensch bekommt von einem Gott einen Heiratsantrag?

____

186 Wer wendet Zauberkräfte an?

____

Lesestrategien entwickeln

Unklarheiten mithilfe des Textzusammenhangs klären

- Wenn du in einem Text ein **Wort nicht verstehst**, solltest du dir angewöhnen, die Bedeutung zunächst aus dem **Textzusammenhang** zu erschließen. Gehe so vor:
  - Lies noch einmal die Textstelle, in der das Wort steht. Achte auf wichtige Informationen rund um dieses Wort.
  - Frage dich, was du aus diesen Informationen schließen kannst.
  - Stelle eine Vermutung zur Bedeutung des Wortes an.
  - Sieh im Wörterbuch nach, um zu prüfen, ob deine Vermutung stimmt.

  Beispiel: Du kennst das Wort „Diadem" (Z. 33) nicht.
  Zwei Informationen rund um die Textstelle helfen dir weiter: Es heißt dort, der Stier habe einen „schneeweißen Fleck" (Z. 32) auf der Stirn. Und es sieht so aus, als hätte er sich mit einem Diadem „geschmückt" (Z. 33). Daraus kannst du schließen: Ein Diadem muss ein Schmuckstück für den Kopf sein. Du vermutest: Ein Diadem ist ein wertvolles Schmuckstück, das an eine Königskrone erinnert. Ein Blick ins Wörterbuch bestätigt dies: Diadem = kostbarer Stirnreif.

- Der Blick auf den Textzusammenhang hilft dir auch, einzelne **Personen** richtig **zuzuordnen**. Das ist vor allem dann wichtig, wenn von vielen verschiedenen Figuren die Rede ist. Sieh genau nach und überlege, **wer** mit einem Namen jeweils **gemeint ist** und in welcher **Beziehung** er zu **anderen Personen** steht (Bruder, Vater, Tochter, Freund o. Ä.)

187 Erkläre, wer die folgenden Personen sind und in welcher Beziehung sie zueinander stehen.

a Agenor: ____________________

b Europa: ____________________

c Asien: ____________________

d Aphrodite: ____________________

e Minos: ____________________

188 Erkläre anhand des Textzusammenhangs, warum es sich bei dem „Olymp" (Z. 23) nur um einen hohen Berg handeln kann.

____

____

Den Text verstehen

189 Fasse den Inhalt von Europas Traum mit eigenen Worten kurz zusammen.

____

190 Wie kommt es, dass Zeus ein Auge auf Europa wirft?

____

191 Zu welchem Trick greift Zeus, um sich Europa zu nähern, und warum?

____

____

192 Wer hilft Zeus dabei, sein Ziel zu erreichen, und auf welche Weise?

____

____

193 Welche Besonderheiten zeichnen den Stier aus, in den Zeus sich verwandelt? Schreibe zu jedem Stichwort einen Satz.

a Fell: ______________________________

b Stirn: ______________________________

c Hörner: ______________________________

194 Weshalb verlieren die Mädchen ihre Angst vor dem Stier?

____

____

195 Nenne ein Adjektiv, mit dem Europas Verhalten beschrieben wird, als sie sich auf den Rücken des Stiers schwingt.

Sie ist ______________________________ .

196 Was tut der Stier mit Europa? Du findest im zweiten Absatz ein passendes Verb. Formuliere damit einen kurzen Satz.

____

197 Wohin trägt der Stier Europa?

____

198 Inwiefern erzählt Zeus Europa zugleich die Wahrheit und die Unwahrheit, als er sich ihr in Gestalt eines jungen Mannes nähert?

- Er sagt ihr, dass er ______________________________.
- Er sagt ihr **nicht**, dass er ______________________________.

199 Welchen Zusammenhang gibt es zwischen Europas Traum und dem, was ihr die Göttin Aphrodite erzählt?

____

____

____

____

200 „So wurde Kreta die Wiege Europas." (Z. 82)
Erkläre den Sinn dieses sprachlichen Bildes.

____

Die Sprache untersuchen

Zeitform Futur

- Um auszudrücken, dass etwas in der **Zukunft** geschieht, gibt es verschiedene Möglichkeiten:
  - Entweder macht man eine **Zeitangabe** (z. B. „morgen“ oder „im nächsten Jahr“).
    Beispiel: Morgen schreiben wir einen Test.
  - Oder man verwendet die **Zeitform Futur**.
    Beispiel: Wer werden einen Test schreiben.
  - Oder man nutzt beide Möglichkeiten.
    Beispiel: Morgen werden wir einen Test schreiben.
- Das Futur bildest du mit einer Form des **Hilfsverbs** *werden* und dem **Infinitiv des Verbs**.
  Beispiel: Der Tag wird kommen.

201 Ab Z. 61 der Sage findest du vier Sätze im Futur. Schreibe sie heraus und unterstreiche jeweils die Verbformen.

▶ ______________________________

▶ ______________________________

▶ ______________________________

▶ ______________________________

202 Formuliere mithilfe der vorgegebenen Verben Kurzsätze im Futur.

a Ich ______________________________ *(sehen)*.

b Mein Freund ______________________________ *(lachen)*.

c Wir ______________________________ *(reisen)*.

d Die Nachbarn ______________________________ *(helfen)*.

e Das Kind ______________________________ *(spielen)*.

f Die Verkäuferin ______________________________ *(kassieren)*.

g Der Taxifahrer ______________________________ *(fahren)*.

h Die Gäste ______________________________ *(gehen)*.

i Ihr ______________________________ *(schreiben)*.

203 Verlängere deine Kurzsätze aus Aufgabe 202.

Ergänze bei jedem Satz **zwei weitere Satzglieder**, und zwar:

- ein **Objekt** (evtl. auch ein Präpositionalobjekt),
- ein **Adverbiale** (Adverbiale des **Ortes** oder Adverbiale der **Zeit**).

Ändere, wenn nötig, die Reihenfolge der Wörter.

a ______________________________

____

b ______________________________

____

c ______________________________

____

d ______________________________

____

e ______________________________

____

f ______________________________

____

g ______________________________

____

h ______________________________

____

i ______________________________

____

Das Futur II

- Das **Futur II** ist eine Art **vollendeter Zukunft:** Man sagt, dass ein Ereignis bereits **geschehen sein wird**, wenn die Zukunft eintritt. (Die „normale" Zeitform für die Zukunft nennt man **Futur I**.)
- Mit dem Futur II drückt man eine **Annahme** oder **Vermutung** aus.
- Für die **Form** des Futurs II benötigst du das **Hilfsverb** *werden* in Kombination mit dem **Partizip Perfekt** des (Haupt-)Verbs (z. B. *gespielt, gearbeitet*), gefolgt vom **Hilfsverb** *haben* oder *sein*.
  Beispiele: Mein Vater wird schon in London gelandet sein.
  Du wirst den Film schon gesehen haben.

204 Wandle die folgenden Aussagen in Sätze mit der Zeitform **Futur II** um. Den ersten Teil (z. B.: *Ich glaube, dass ...* oder: *Bestimmt ...*) lässt du dabei weg.

a Ich nehme an, dass meine Eltern schon eingekauft haben.

Meine Eltern werden schon eingekauft haben.

b Ich glaube, dass du dieses Buch schon gelesen hast.

____

c Bestimmt habt ihr schon gegessen.

____

d Es sieht so aus, als ob es geregnet hat.

____

e Es ist anzunehmen, dass eure Freunde ihren Zug noch erreicht haben.

____

f Wahrscheinlich haben sich die Kinder versteckt.

____

g Es sieht so aus, als ob sich euer Besuch verspätet hat.

____

h Sicher sind die Straßen wieder verstopft gewesen.

____

Richtig schreiben

Die Wörter „das“ und „dass“ unterscheiden (1)

Um die Wörter *das* und *dass* sicher unterscheiden zu können, brauchst du vor allem **Grammatikkenntnisse**. Du musst insbesondere die **Konjunktion** *dass* sicher identifizieren können:

- Bei der Konjunktion *dass* handelt es sich um eine **unterordnende Konjunktion**, die einen **Nebensatz** einleitet. Das finite Verb steht hier immer am Ende.
- Die Konjunktion *dass* zeigt an, dass etwas folgt, das jemand **gesagt**, **gedacht** oder **wahrgenommen** hat (z. B. gehört, gesehen, gerochen, gefühlt oder geschmeckt).
  Beispiele: Ich habe gehört, dass Mark einen schweren Unfall hatte.
  Ich sehe, dass am Himmel Wolken aufziehen.
- Auch etwas, das **viele Menschen** sagen, denken oder wahrnehmen, kann mit der Konjunktion *dass* eingeleitet werden.
  Beispiele: Es ist bekannt, dass … Man weiß, dass … Viele meinen, dass …

205 Wandle jeweils den zweiten Satz in einen „dass-Satz“ um. Setze anstelle des Doppelpunkts ein Komma.

a Die meisten Menschen finden: Das Leben wäre ohne Arbeit leichter.

b Sie denken: Ein Roboter wäre eine feine Sache.

c Sie meinen: Dieser Helfer könnte ihnen unangenehme Arbeit abnehmen.

d Sie hoffen: Solche Roboter könnten auch im Haushalt eingesetzt werden.

e Viele Schüler wünschen sich: Ein Roboter erledigt irgendwann ihre Hausaufgaben.

Die Wörter „das“ und „dass“ unterscheiden (2)

Das Wort *das* kann ein **Artikel** oder ein **Pronomen** sein.

- Als **Artikel** ist das Wort *das* immer **Begleiter eines Nomens**. Manchmal hat sich ein Adjektiv zwischen den Artikel und das Nomen gedrängt.
  Beispiele: das Haus, das kleine Kind, das spannende Buch
- Als **Demonstrativpronomen** ist das Wort *das* immer **Stellvertreter:** Es verweist auf etwas, das der Sprecher oder Schreiber gezielt ins Auge fasst. Das kann eine einzelne Sache sein oder ein kompletter Sachverhalt.
  Beispiele: Das Shirt sieht gut aus, das hätte ich gern.
  Du hast mich beleidigt. Das finde ich nicht schön.
- Auch das **Relativpronomen** *das* ist immer **Stellvertreter:** Es steht für etwas, von dem gerade die Rede gewesen ist und über das nachträglich noch eine zusätzliche Information gegeben wird.
  Beispiel: Hast du schon das Essen probiert, das deine Schwester gekocht hat?

206 **Relativpronomen** oder **Demonstrativpronomen**? Bestimme das Wort *das* und unterstreiche alle Wörter, auf die es sich jeweils bezieht.

a In zwei Wochen beginnen die Ferien; **das** freut uns.

____

b Das Licht, **das** du eingeschaltet hast, ist zu dunkel.

____

c Auf dem Konzert, **das** wir besucht haben, waren viele Musikfans.

____

d Wann fährt der nächste Bus? **Das** möchte ich gerne wissen.

____

e Wenn du kommst, ist mir **das** recht.

____

f Alexander hat sich in das Mädchen verliebt, **das** neu in unserer Klasse ist.

____

g Meistens schmeckt uns das Essen, **das** unser Vater für uns kocht.

____

207 Wie ist es richtig: *das* oder *dass*? Trage das richtige Wort in die Lücken ein.

a Europa hat einmal etwas Seltsames geträumt; ______ beunruhigte sie eine Zeit lang.

b Aber der Gedanke an ______ nächtliche Erleben, ______ sie gehabt hatte, verlor sich bald.

c Doch eines Tages sollte ______ Bild, ______ sie im Schlaf gehabt hatte, Wirklichkeit werden.

d Eines Nachmittags ging sie mit ihren Freundinnen auf eine Wiese am Meer. Sie hätte nie gedacht, ______ der Tag für sie so schlimm enden würde.

e Zusammen mit ihren Freundinnen pflückte sie schöne Blumen. ______ sah Zeus vom Olymp aus.

f Er verliebte sich in ______ hübsche Mädchen, ______ er sofort für sich gewinnen wollte.

g Um sein Ziel zu erreichen, verwandelte er sich in einen Stier. Europa hätte nie gedacht, ______ ______ große, schöne Tier der Gott Zeus war.

h Arglos näherte sie sich dem Stier, und ______ wurde ihr zum Verhängnis.

i Kaum saß sie auf seinem Rücken, rannte der Stier mit ihr auf und davon. ______ ängstigte sie.

j Am nächsten Morgen setzte der Stier sie auf der Insel Kreta ab und verschwand. Kurz darauf kam ein schöner junger Mann und sagte ihr, ______ er sie zur Frau haben wollte.

k Später tauchte die Göttin Aphrodite auf. Sie verriet Europa, ______ es sich bei dem jungen Mann um Zeus handelte.

l Sie sagte ihr auch, ______ sie zusammen mit Zeus einen Sohn namens Minos bekommen würde.

m Es heißt, ______ Aphrodites Ankündigung wahr wurde.

n ______ war die Geburtsstunde des Erdteils Europa – jedenfalls der Sage nach.

Sich schriftlich äußern

Eine Nacherzählung schreiben

Mit einer Nacherzählung gibst du eine Geschichte **mit eigenen Worten** wieder. Achte dabei auf Folgendes:

- Die Handlung muss dem Originaltext **inhaltlich ähneln**. Es darf **nichts Wichtiges ausgelassen** und **nichts Neues hinzugefügt** werden.
- Die **Darstellung** sollte **der Vorlage ähneln**. Verwende also eine Sprache, die vom Stil her dazu passt.

Beachte außerdem alles, was auch sonst eine gute Erzählung ausmacht:

- Reihe die einzelnen Handlungsschritte nicht einfach nur aneinander, sondern stelle **Zusammenhänge** her, z. B. mithilfe von **Konjunktionen** (*weil, nachdem, obwohl …*) oder **Adverbien** (*plötzlich, anschließend …*).
- Wähle **treffende Wörter**, um deine Erzählung **anschaulich** und **lebendig** zu gestalten.
- Füge hin und wieder **wörtliche Rede** ein.
- Erzeuge **Spannung**, indem du das Geschehen auf einen **Höhepunkt** zustreben lässt.
- **Vermeide** unnötige **Wiederholungen**. Verwende also nicht ständig die gleichen Wörter und beginne nicht jeden Satz ähnlich.

208 Schreibe eine Nacherzählung der Sage „Europa". Gehe so vor:

- Lies den Text noch einmal durch und markiere alle Stellen, an denen ein neuer Handlungsschritt beginnt.
- Notiere stichwortartig, was in den einzelnen Abschnitten geschieht.
- Orientiere dich an deinen Stichworten. Schreibe ungefähr 600 Wörter (→ Heft).

Hinweis: Wenn du dich an deinem Stichwortzettel orientierst, kannst du zügig erzählen, ohne dass du immer wieder im Text nachlesen musst. Außerdem fällt es dir dann leichter, **eigene Worte** zu benutzen.

Kapitel 9: Waagen

Ein Dorf in Ägypten vor 3 300 Jahren: Auf dem Markt geht es hektisch und laut zu. Plötzlich bricht an einem Gewürzstand Streit aus. Ein Mann schimpft, er sei betrogen worden: Der Gewürzhändler habe ihm zu wenig Pfefferkörner für sein Gold gegeben! Keiner der beiden Streithähne will klein beigeben. Da kann nur einer helfen – der Priester. Er besitzt die einzige Waage im Ort. Vorsichtig legt er die Gewürze in eine der Waagschalen und verkündet: Der Händler hat betrogen! Jetzt muss er das Gold zurückgeben, sonst droht ihm eine schlimme Strafe: Einem Betrüger können die Hände abgehackt werden! Der Priester aber versteckt seine Waage schnell wieder im Tempel, damit niemand das kostbare Messinstrument stiehlt. Denn wer wiegen konnte, hatte Macht!

Heute sind Waagen meist keine Kostbarkeiten mehr, die man verbergen muss. Fast überall begegnen wir ihnen: Die Küchenwaage zeigt die Portion Mehl an, die in den Geburtstagskuchen gehört; die Obstwaage im Supermarkt bestimmt den Preis einer Tüte Äpfel. Flugzeugbauer kontrollieren mit Spezialwaagen, ob ihr neuer Riesenjet nicht zu schwer ist. Und in der Bank werden Münzen heute nicht mehr gezählt, sondern gewogen.

Fast alle Waagen funktionieren nach demselben Prinzip: Sie vergleichen! Am besten ist das an einer Balkenwaage zu sehen. Sie besteht aus einem Querbalken, an dem links und rechts je eine Schale hängt. In die eine Schale legt man zum Beispiel Äpfel, in die andere ein 500 Gramm schweres Gewicht. Sinkt die Schale mit den Äpfeln hinab, ist das Obst, logisch, schwerer als die 500 Gramm des Metallstücks. Bleibt der Balken waagerecht, wiegen die Früchte genau 500 Gramm.

Um kleine, leichte Waren zu wiegen, ist das eine gute Methode. Anders bei großen, schweren oder unhandlichen Gegenständen. In mittelalterlichen Häfen etwa legten große Handelsschiffe an, voll bepackt mit Kornsäcken oder riesigen Stoffballen. Um deren Gewicht zu bestimmen, wuchteten die Waagemeister zunächst die Stoffballen in eine Waagschale, die andere füllten sie dann Stück für Stück mit entsprechend schweren Gewichten.

Doppelte Arbeit! Deshalb tüftelten sie eine bequemere Wiegetechnik aus. Eine Lösung: die sogenannte Heuwaage. Sie besaß statt einer zweiten Waagschale ein bewegliches Gewicht. Das wurde vom Balkenende her so lange Richtung Mitte geschoben, bis die Wippe waagerecht stand. An der Länge der „Rutschbahn“ lasen die Waagemeister dann das Gewicht ab. Mit Heu beladene Fuhrwerke wurden so gewogen – daher der Name „Heuwaage“.

Doch was nutzten alle Waagen, wenn in jeder Region andere Gewichtsmaße galten? Lange Zeit war nicht klar, wie viel „ein Gramm“ eigentlich ist: Dieselben drei Äpfel wogen zum Beispiel in Mecklenburg-Schwerin 446 Gramm, in Württemberg 481 Gramm, in Schweden aber nur 417 Gramm! Ein Wirrwarr, aus dem es erst seit 1875 einen Ausweg gibt. Damals beschlossen 17 Staaten in Paris, dass ein Kilogramm genauso schwer ist wie ein Liter Wasser. Später ließen sie ein entsprechend schweres Gewichtsstück gießen – das Ur-Kilogramm. Und seitdem steht auch fest, wie viel „ein Gramm“ ist, nämlich ein Tausendstel des Ur-Kilogramms. Basta.

Bis heute liegt der knapp vier Zentimeter hohe und silbern glänzende Metallzylinder in einem Pariser Tresor, streng bewacht! Drei Wächter teilen sich den Schlüssel. 1990 öffneten sie rund 30 Wissenschaftlern die Tür. Die Experten wollten sich vergewissern, ob das Gewicht noch immer ein Kilogramm wog. Das Ergebnis überraschte alle: Das Ur-Kilogramm hatte abgenommen! Um 50 Mikrogramm, so viel, wie ein Salzkorn etwa wiegt! Vielleicht haben die Wächter beim Putzen zu stark geschrubbt, vermuteten die Prüfer. In Japan, Europa und den USA suchen Wissenschaftler nun nach einem neuen Ur-Kilogramm, das kein Mikrogramm mehr verliert.

Für die meisten von uns spielen so winzige Mengen keine Rolle. Nur Präzisionswaagen müssen so genau sein. Die besten können sogar ein Hundertstel Millimeter Haar wiegen – etwa so viel, wie ein Haar in einer Stunde wächst. Möglich macht dies ein Drähtchen, das zwischen den Polen eines Magneten wippt. Wie ein Sprungbrett! Legt man das Minihaar darauf, verändert sich das Wipptempo. Ein Computer errechnet aus dem Unterschied das Gewicht: 0,0000035 Gramm!

Solche Waagen stehen meistens in Laboren. Und dort werden sie, wie damals in Ägypten, sicher verwahrt! Denn ihre Genauigkeit ist kostbar und muss geschützt werden. Sogar vor einem Luftzug.

Textsorten kennen

209 Bestimme die Textsorte. Begründe deine Entscheidung.

Lesestrategien entwickeln

Fragen an einen Text stellen

Beim ersten Lesen eines Textes verstehst du manchmal die eine oder andere Aussage nicht oder nur ungenau. Lass dich dadurch nicht entmutigen!

- Lies über unklare Textstellen nicht hinweg, sondern versuche sie zu klären.
- Stelle gezielt **Fragen an den Text**. Meist schaffst du es dann, die Unklarheiten zu beseitigen, indem du nach den **passenden Antworten** suchst. Besonders geeignet sind **Warum-Fragen**.
- Bedenke, dass du Antworten auf solche Fragen evtl. an einer **ganz anderen Stelle des Textes** findest.

Beispiel: „Heute sind Waagen meist keine Kostbarkeiten mehr, die man verbergen muss.“ (Z. 11 f.).
Mögliche Frage: Warum waren Waagen früher Kostbarkeiten, die man verbergen musste? Antworten darauf findest du im ersten Absatz: Es gab nur eine einzige Waage in einem Ort (vgl. Z. 5). Deshalb hatte jemand, der eine Waage besaß, Macht (vgl. Z. 10).

210 Beantworte die folgenden Fragen zu dem Text über Waagen.

a Warum gab es früher nur eine einzige Waage in einem Ort?

b Warum war es ausgerechnet ein Priester, der diese Waage besaß?
Hinweis: Stelle zusätzliche Überlegungen an.

211 Überlege dir noch zwei weitere Fragen zum Text und beantworte sie.

a Frage: ______________________________

Antwort: ______________________________

____

b Frage: ______________________________

Antwort: ______________________________

____

Den Text verstehen

212 Worum geht es in dem Text? Kreuze an.

Es wird erklärt, …

- ☐ weshalb sich die Leute früher häufig beim Einkauf gestritten haben.
- ☐ an welchen Orten es früher die ersten Waagen gab.
- ☐ wie sich Waagen im Laufe der Zeit entwickelt haben.
- ☐ warum Waagen auch heute noch sehr kostbar sind.

213 Erkläre, warum Waagen heute nichts Besonderes mehr sind.

____

214 Erkläre, wie eine Waage funktioniert.

a Beschrifte die beiden Zeichnungen: Trage ein, was sich jeweils in der linken und rechten Waagschale befinden könnte. Verwende diese Informationen:
500 Gramm Gewicht, 800 Gramm Gewicht,
800 Gramm Kartoffeln, 300 Gramm Kartoffeln

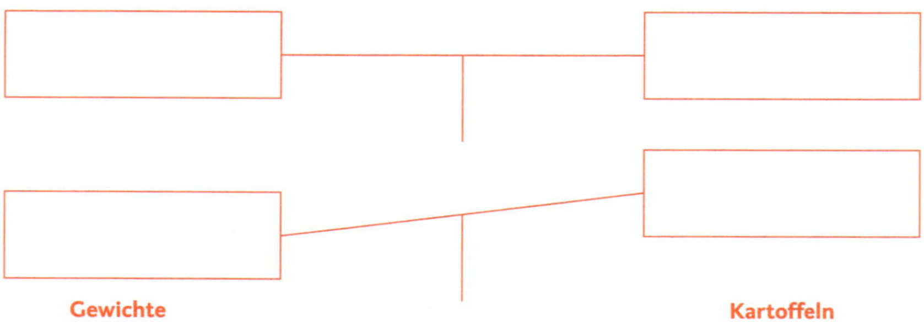

b Beende die gegebenen Satzanfänge.

- Wenn das Gewicht genauso schwer ist wie die Kartoffeln, dann ______

  ____.

- Wenn das Gewicht schwerer ist als die Kartoffeln, dann ______

  ____.

215 „Fast alle Waagen funktionieren nach demselben Prinzip: Sie vergleichen!“ (Z. 17 f.) – Erkläre, was womit verglichen wird.

____

216 Beantworte die folgenden Fragen. Schreibe vollständige Antwortsätze.

a Wie viele Waagschalen besitzt eine Heuwaage?

____

b In welchen Fällen war eine Heuwaage praktisch – und warum?

____

____

c Warum gab es lange Zeit immer noch Probleme beim Wiegen?

____

d Wie hat man dieses Problem gelöst?

____

217  Erkläre, was das Ur-Kilogramm ist.

____

____

____

____

218 Beantworte die folgenden Fragen.

a Warum wird das Ur-Kilogramm so streng bewacht?

____

____

b Wie viel Gewicht hat das Ur-Kilogramm verloren?

____

____

c In wie vielen Jahren ist dieser Gewichtsverlust erfolgt? Nimm eine Schätzung vor.

Der Gewichtsverlust erfolgte …

☐ in 75 Jahren.

☐ in 90 Jahren.

☐ in mehr als 90 Jahren.

Das „Ur-Kilogramm“ aus Platin-Iridium unter einer Glasglocke

d Welches Ziel haben Wissenschaftler im Hinblick auf das Ur-Kilogramm?

____

____

219 Wie heißen Waagen, die auch kleinste Gewichtsunterschiede exakt messen? Ein Stichwort genügt.

____

220 Wo werden solche genauen Waagen in der Regel benutzt?

____

221 Welches elektronische Hilfsmittel wird heute zusätzlich eingesetzt, um selbst geringste Gewichtsunterschiede zu messen?

____

222 Erkläre, warum manche Waagen auch heute noch für kostbar gehalten werden.

____

____

____

____

Die Sprache untersuchen

Aktiv und Passiv

Bei einer Aussage über ein Ereignis können drei Dinge interessant sein:

1. die **Handlung** selbst (ausgedrückt durch das **Prädikat**),
2. die Person/Sache, die handelt, also der „**Täter**“ (ausgedrückt durch das **Subjekt**),
3. die Person/Sache, die die Auswirkungen der Handlung zu spüren bekommt, also das „**Opfer**“ (ausgedrückt durch das **Objekt**).

- Wenn neben der Handlung vor allem der „**Täter**“ von Interesse ist, verwendest du das **Aktiv**. Das ist der Normalfall.
  Beispiele: Vater bucht eine Reise.
  Robert löst Rechenaufgaben.
- Wenn das „**Opfer**“ von größerem Interesse ist als der „Täter“, verwendest du das **Passiv**. Das Passiv verwendest du auch dann, wenn **das, was geschieht**, wichtiger ist als die Frage, wer es getan hat. Es bietet sich auch an, wenn man **nicht genau weiß, wer der „Täter“ ist**, denn im Passivsatz kann man den Täter weglassen.
  Beispiele: Heutzutage werden Münzen gewogen.
  (Von wem sie gewogen werden, ist nicht wichtig.)
  Im Juwelierladen wurde gestern Nacht eingebrochen.
  (Der Täter ist unbekannt.)

223 Unterstreiche in dem Text über die Waagen alle Sätze, die im Passiv stehen.

Das Passiv bilden

- Das Passiv wird gebildet mit einer Form des **Hilfsverbs** *werden* und dem **Partizip Perfekt**. Ein Passivsatz kann **in allen Zeitformen** stehen.

  Beispiel:

Die Ware wird bestellt.	*Präsens*
Die Ware wurde bestellt.	*Präteritum*
Die Ware ist bestellt worden.	*Perfekt*
Die Ware war bestellt worden.	*Plusquamperfekt*
Die Ware wird bestellt werden.	*Futur I*
Die Ware wird bestellt worden sein.	*Futur II*

- Wenn du einen Aktivsatz in einen Passivsatz umwandelst, wird das vormalige **Objekt zum Subjekt**, und das vormalige **Subjekt zum Objekt**. Das gilt allerdings nur für Sätze mit **Akkusativobjekt. Dativobjekte** bleiben bei der Umwandlung in einen Passivsatz erhalten.

  Beispiele: Mein Bruder kocht den Eintopf. *(Aktiv)*

  Der Eintopf wird von meinem Bruder gekocht. *(Passiv)*
  Subjekt *(Präpositional-) Objekt*

  Ein Reisender hilft der alten Dame beim Einsteigen. *(Aktiv)*

  Der alten Dame wird von einem Reisenden beim Einsteigen geholfen. *(Passiv)*
  Dativobjekt bleibt! *(Präpositional-)Objekt*

224 Wandle die folgenden Aktivsätze ins Passiv um. Achte auf die richtige Zeitform. Verzichte jeweils auf das Objekt.

a Die Kriminalpolizei identifizierte den Täter mithilfe einer DNA-Analyse.

___

b Der Lehrer erwischte einen Schüler beim Abschreiben.

___

c Der Staatsanwalt stellte das Verfahren ein.

___

d Der Kunde bezahlt die Rechnung.

___

e Der Spediteur liefert die Möbel.

___

225 Wandle die folgenden Zeitungsüberschriften in vollständige Sätze um.

a Kleinkind von Laster überfahren

____

b Bank ausgeraubt

____

c Einbrecherbande verhaftet

____

d Mädchen von Kampfhund gebissen

____

e Mehrere 50-Euro-Scheine gefälscht

____

Aktiv-Sätze von Passiv-Sätzen unterscheiden

Manchmal klingen Sätze im **Futur des Aktivs** auf den ersten Blick so ähnlich wie Sätze im **Passiv**. Das liegt daran, dass Sätze im Futur – genau wie Sätze im Passiv – eine Form des **Hilfsverbs** *werden* enthalten. Bei genauem Hinsehen zeigen sich die Unterschiede.

Beispiele:

Futur I

Aktiv:	Ich werde sehen.	*(werden + Infinitiv)*
Passiv:	Ich werde gesehen werden.	*(werden + Partizip Perfekt + werden)*

Futur II

Aktiv:	Ich werde gesehen haben.	*(werden + Partizip Perfekt + haben oder sein)*
Passiv:	Ich werde gesehen worden sein.	*(werden + Partizip Perfekt + worden + sein)*

226 Aktiv oder Passiv? Präsens, Futur I oder Futur II? Kreuze an, was für die folgenden Sätze jeweils zutrifft. Du musst in jeder Zeile zwei Kreuze machen.

	Aktiv	Passiv	Präsens	Futur I	Futur II
a Er wird rufen.	☐	☐	☐	☐	☐
b Er wird gerufen haben.	☐	☐	☐	☐	☐
c Er wird gerufen.	☐	☐	☐	☐	☐
d Er wird gerufen werden.	☐	☐	☐	☐	☐
e Er wird gerufen worden sein.	☐	☐	☐	☐	☐

227 Passiv oder Futur I? Entscheide.

		Passiv	Futur I
a	Du wirst dich noch erkälten.	☐	☐
b	Ich werde dich nicht enttäuschen.	☐	☐
c	Die Bescheinigung wird rechtzeitig ausgestellt.	☐	☐
d	Nach einem neuen Ur-Kilogramm wird noch geforscht.	☐	☐
e	Vielleicht wird man bald zum Mars reisen können.	☐	☐
f	Für exakte Messungen werden Präzisionswaagen benutzt.	☐	☐

Das Zustandspassiv

- Wenn eine Handlung fertig ausgeführt wurde und du sagen willst, zu welchem **Ergebnis** sie geführt hat, kannst du eine Art verkürztes Passiv verwenden: das **Zustandspassiv**. Du sagst damit, welcher **Zustand** erreicht worden ist.
  Beispiel: Das Fenster ist geöffnet worden. → Das Fenster ist geöffnet.
- Du bildest das Zustandspassiv mit einer Form des **Hilfsverbs** *sein* und mit dem **Partizip Perfekt** des (Voll-)Verbs. Die Partizip-Perfekt-Form des Verbs wird dann wie ein Adjektiv verwendet.
  Beispiel: Das Essen ist versalzen. – *Wie* ist das Essen? Es ist versalzen.
- Das Zustandspassiv kannst du aber nur dann verwenden, wenn durch eine Handlung wirklich ein **Zustand** erreicht worden ist, der **eine Zeit lang anhält**.
  Beispiele: Herr Schulze ist gegrüßt. *(Das kannst du nicht sagen! Das würde bedeuten, dass er eine Zeit lang ununterbrochen gegrüßt wird!)*
  Herr Schulze ist verletzt. *(Das kannst du sagen! Es wird eine Weile dauern, bis die Verletzung geheilt ist.)*

228 Verkürze die Passivsätze. Schreibe sie in der Form des Zustandspassivs auf.

a Das Essen ist serviert worden.

____

b Die Karten sind schon alle verkauft worden.

____

c Die Wohnung ist frisch renoviert worden.

____

d Das Geschirr ist schon abgewaschen worden.

____

Richtig schreiben

Wörter aus dem Griechischen und dem Lateinischen

Viele Wörter, die ursprünglich aus dem Griechischen oder Lateinischen stammen, weisen **Besonderheiten** auf, die du dir merken musst.

Beispielsweise schreibt man häufig:

- **th** statt **t**
- **ph** statt **f**
- **y** statt **ü**
- **ch** statt **k**

Beispiele: Apotheke, Alphabet, Symmetrie, Chaos

229 Bilde zu den folgenden Verben und Adjektiven das entsprechende Nomen.

a rhythmisch	____________	**b** theoretisch	____________
c systematisch	____________	**d** physikalisch	____________
e charakterisieren	____________	**f** sympathisch	____________
g thematisieren	____________	**h** athletisch	____________

Worttrennung am Zeilenende

Wenn am Ende einer Zeile der Platz nicht ausreicht, um ein Wort zu Ende zu schreiben, kannst du es **auf der Grenze zwischen zwei Silben** trennen.

Beispiele: Bal-ken-waa-ge, Wie-ge-tech-nik, mit-tel-al-ter-lich

Bei der **Silbentrennung** sind einige **Besonderheiten** zu beachten:

- **Doppelkonsonanten** werden in der Mitte getrennt. Das gilt aber nur für zwei- oder mehrsilbige Wörter, in denen der Doppelkonsonant genau auf der Grenze zwischen zwei Silben steht.
  Beispiele: Son-ne, Wel-le, las-sen
- Die Buchstabenpaare **sp**, **st** und **tz** werden getrennt.
  Beispiele: Knos-pe, Lis-te, Kat-ze
- Die Buchstabengruppen **sch**, **ch** und **ck** werden **nicht** getrennt.
  Beispiele: Wä-sche, Bü-cher, De-cke
- **Fremdwörter** aus dem Lateinischen oder Griechischen dürfen wie deutsche Wörter **zwischen zwei Silben** getrennt werden.
  Beispiele: Pä-da-go-ge, Hy-drant, Mag-net
- Eine Silbe, die nur aus einem **einzelnen Vokal** besteht, darf **nicht** getrennt werden.
  Beispiele: Esel, Idee, Atem

Sieh im Zweifel im **Wörterbuch** nach.

230 Kennzeichne jeweils die möglichen Trennungen durch senkrechte Striche |.

a Gewürzhändler

b Wissenschaftler

c Präzisionswaagen

d Kostbarkeiten

e Kornsäcke

f Messinstrument

Sich schriftlich äußern

Einen Text beurteilen

In vielen Zeitungen findest du **Buchkritiken**, also Artikel, in denen **Texte beurteilt** werden. Solche Kritiken zeigen dem Leser, ob es sich für ihn lohnt, ein bestimmtes Buch zu lesen. Buchkritiken vermitteln folgende **Informationen:**

- Worum geht es in dem Buch? *(Inhalt)*
- Ist das Buch lesenswert? *(Bewertung)*
- Warum ist das Buch (nicht) zu empfehlen? *(Begründung der Bewertung)*

Ein Text ist dann **lesenswert**, wenn er die **Erwartungen des Lesers** erfüllt. Von einem **Sachtext** erwartet man Folgendes:

- Der Text sollte **interessant** sein, also neue Informationen vermitteln.
- Die Sprache sollte **verständlich** sein. Verständlich ist die Sprache dann, wenn sie nicht zu viele Fremdwörter enthält und wenn die Sätze übersichtlich sind.
- Die Darstellung sollte **anschaulich** sein. Anschaulichkeit entsteht z. B. dadurch, dass der Verfasser **Beispiele** anführt, die der Leser kennt. Auch **Vergleiche** tragen zur Anschaulichkeit bei: In der Regel vergleicht der Verfasser etwas Neues mit einer Sache, die vielen Menschen bekannt vorkommt. Dann können sie Zusammenhänge zwischen dem Neuen und dem Bekannten herstellen.

231 Beurteile den Text über Waagen. Schreibe einen Artikel für die Schülerzeitung mit ungefähr 200 Wörtern (→ Heft).

Der Text stammt aus einer Zeitschrift für Kinder. Ziel dieser Zeitschrift ist es, Kinder über wissenswerte Dinge zu informieren.

Stelle dir Folgendes vor: In eurer Schule wird überlegt, ob diese Zeitschrift für die Schulbücherei abonniert werden soll. Nimm den Text als Beispiel, um eine Empfehlung abzugeben oder um von einem Abonnement abzuraten.

Gib Auskunft über die folgenden Fragen:

- ▶ Wovon handelt der Text?
- ▶ Ist der Text lesenswert? Sprich eine Empfehlung (oder Warnung) aus.
- ▶ Begründe deine Meinung ausführlich. Äußere dich auch dazu, ob der Text interessant, verständlich und anschaulich genug ist.

Kapitel 10: Der Erfinder

VON PETER BICHSEL

Erfinder ist ein Beruf, den man nicht lernen kann; deshalb ist er selten. [...] 1890 wurde zwar noch einer geboren. Aber niemand kannte ihn [...] Er wohnte weit weg von der Stadt, verließ sein Haus nie und hatte selten Besuch.

Er berechnete und zeichnete den ganzen Tag. Er saß stundenlang da, legte seine Stirn in Falten, fuhr sich mit der Hand immer wieder übers Gesicht und dachte nach.

Dann nahm er seine Berechnungen, zerriss sie und warf sie weg und begann wieder von Neuem, und abends war er mürrisch und schlecht gelaunt, weil die Sache wieder nicht gelang.

Er fand niemanden, der seine Zeichnungen begriff, und es hatte für ihn keinen Sinn, mit den Leuten zu sprechen. Seit über vierzig Jahren saß er hinter seiner Arbeit, und wenn ihn einmal jemand besuchte, versteckte er seine Pläne, weil er fürchtete, man könnte von ihm abschreiben, und weil er fürchtete, man könnte ihn auslachen.

Er ging früh zu Bett, stand früh auf und arbeitete den ganzen Tag. Er bekam keine Post, las keine Zeitungen und wusste nichts davon, dass es Radios gibt.

Und nach all den Jahren kam der Abend, an dem er nicht schlecht gelaunt war, denn er hatte seine Erfindung gefunden, und er legte sich jetzt überhaupt nicht mehr schlafen. Tag und Nacht saß er über seinen Plänen und prüfte sie nach, und sie stimmten.

Dann rollte er sie zusammen und ging nach Jahren zum ersten Mal in die Stadt. Sie hatte sich völlig verändert.

Wo es früher Pferde gab, da gab es jetzt Automobile, und im Warenhaus gab es eine Rolltreppe, und die Eisenbahnen fuhren nicht mehr mit Dampf. Die Straßenbahnen fuhren unter dem Boden und hießen jetzt Untergrundbahnen, und aus kleinen Kästchen, die man mit sich tragen konnte, kam Musik.

Der Erfinder staunte. Aber weil er ein Erfinder war, begriff er alles sehr schnell.

Er sah einen Kühlschrank und sagte: „Aha."

Er sah ein Telefon und sagte: „Aha."

Und als er rote und grüne Lichter sah, begriff er, dass man bei Rot warten muss und bei Grün gehen darf.

Und er wartete bei Rot und ging bei Grün.

Und er begriff alles, aber er staunte, und fast hätte er dabei seine eigene Erfindung vergessen.

Als sie ihm wieder einfiel, ging er auf einen Mann zu, der eben bei Rot wartete, und sagte: „Entschuldigen Sie, mein Herr, ich habe eine Erfindung gemacht."

Und der Herr war freundlich und sagte: „Und jetzt, was wollen Sie?" [...]

„Es ist [...] eine wichtige Erfindung", sagte der Erfinder, aber da schaltete die Ampel auf Grün, und sie mussten gehen.

Wenn man aber lange nicht mehr in der Stadt war, dann kennt man sich nicht mehr aus, und wenn man eine Erfindung gemacht hat, weiß man nicht, wohin man mit ihr soll.

Was hätten die Leute sagen sollen, zu denen der Erfinder sagte: „Ich habe eine Erfindung gemacht." Die meisten sagten nichts, einige lachten den Erfinder aus, und einige gingen weiter, als hätten sie nichts gehört.

Weil der Erfinder lange nicht mehr mit Leuten gesprochen hatte, wusste er auch nicht mehr, wie man ein Gespräch beginnt. Er wusste nicht, dass man als Erstes sagt: „Bitte, können Sie mir sagen, wie spät es ist?", oder dass man sagt: „Schlechtes Wetter heute."

Er dachte gar nicht daran, dass es unmöglich ist, einfach zu sagen: „Sie, ich habe eine Erfindung gemacht", und als in der Straßenbahn jemand zu ihm sagte: „Ein sonniger Tag", da sagte er nicht: „Ja, ein wunderschöner Tag", sondern er sagte gleich: „Sie, ich habe eine Erfindung gemacht."

[...] Und er sprang auf in der Straßenbahn, breitete seine Pläne zwischen den Beinen der Leute auf dem Boden aus und rief: „Hier, schaut mal, ich habe einen Apparat erfunden, in dem man sehen kann, was weit weg geschieht."

[...] „Der hat das Fernsehen erfunden", rief jemand, und alle lachten.

„Warum lachen Sie?", fragte der Mann, aber niemand antwortete, und er stieg aus, ging durch die Straßen, blieb bei Rot stehen und ging bei Grün weiter, setzte sich in ein Restaurant und bestellte einen Kaffee, und als sein Nachbar zu ihm sagte: „Schönes Wetter heute", da sagte der Erfinder: „Helfen Sie mir doch, ich habe das Fernsehen erfunden, und niemand will es glauben – alle lachen mich aus." Und sein Nachbar sagte nichts mehr. Er schaute den Erfinder lange an, und der Erfinder fragte: „Warum lachen die Leute?" „Sie lachen", sagte der Mann, „weil es das Fernsehen schon lange gibt und weil man das nicht mehr erfinden muss", und er zeigte in die Ecke des Restaurants, wo ein Fernsehapparat stand, und fragte: „Soll ich ihn einschalten?"

Aber der Erfinder sagte: „Nein, ich möchte das nicht sehen." Er stand auf und ging. [...]

Seither kam der Erfinder nie mehr in die Stadt. Er ging nach Hause und erfand jetzt nur noch für sich selbst.

Er nahm einen Bogen Papier, schrieb darauf „Das Automobil", rechnete und zeichnete wochenlang und monatelang und erfand das Auto noch einmal, dann erfand er die Rolltreppe, er erfand das Telefon, und er erfand den Kühlschrank.

Alles, was er in der Stadt gesehen hatte, erfand er noch einmal.

Und jedes Mal, wenn er eine Erfindung gemacht hatte, zerriss er die Zeichnungen, warf sie weg und sagte: „Das gibt es schon."

Doch er blieb sein Leben lang ein richtiger Erfinder, denn auch Sachen, die es gibt, zu erfinden, ist schwer, und nur Erfinder können das.

Textsorten kennen

Die Fantasieerzählung

- Eine Fantasieerzählung wirkt so, als könnte die Geschichte gar **nicht wahr** sein. Der Leser merkt: Der Schriftsteller kann sich die Handlung nur ausgedacht haben.
- **Science-Fiction-Geschichten** gehören dazu: Sie erzählen von Erfindungen, die es (noch) nicht gibt, oder von Personen, die an einem Ort leben, an dem normalerweise keine Menschen existieren (z. B. auf einem fernen Planeten).
- Es gibt auch Fantasieerzählungen, die **nur ein wenig unwahr** klingen. Zwar kennt man alle Dinge, von denen erzählt wird, aber die Handlung wirkt trotzdem **unglaubwürdig**, z. B., weil das Verhalten einzelner Personen **übertrieben** dargestellt ist.
- Trotzdem haben solche Erzählungen einen **wahren Kern**. Der Schriftsteller hält manchen Menschen damit gewissermaßen **einen Spiegel vor:** Wenn sie die Geschichte lesen, erkennen sie sich darin vielleicht wieder – mit ihren Eigenarten und Schwächen. Für alle anderen Leser spricht er eine **Warnung** aus: „Sieh mal, was passieren kann, wenn …!"

232 Das Verhalten des Erfinders wird übertrieben dargestellt. Erkläre, inwiefern.

233 Formuliere die versteckte Warnung, die mit der Erzählung ausgesprochen wird.

Lesestrategien entwickeln

Schlüsselwörter erkennen

Schlüsselwörter öffnen dem Leser „eine Tür" zum **Sinn des Textes**. Es gibt bestimmte **Merkmale**, an denen du ein Schlüsselwort erkennst:

- Innerhalb eines Textes ist ein Schlüsselwort oft **ganz anders** als die übrigen Wörter. Wenn die Darstellung z. B. durchgängig „seriös" wirkt, also in korrektem Schriftdeutsch erfolgt, dann fällt es auf, wenn plötzlich ein Wort verwendet wird, das du sonst nur in der Umgangssprache hörst. Frage dich dann: Warum verwendet der Verfasser plötzlich ein solches Wort?
- Häufig **kommt** ein Schlüsselwort in einem Text **mehrmals vor**. Ein Wort, das wiederholt in einem Text auftaucht, hat in der Regel eine besondere Bedeutung. Frage dich dann: Warum ist dieses Wort wichtig?

234 a Suche in der Erzählung „Der Erfinder" nach Schlüsselwörtern. Schreibe sie heraus. Achte vor allem auf Verben und Adjektive, mit denen der Erzähler den Erfinder beschreibt.

▶ Verben: ______________________________

____

▶ Adjektive: ______________________________

____

b Überlege, was diese Schlüsselwörter über den Erfinder aussagen. Formuliere drei Sätze zu seiner Persönlichkeit.

▶ ______________________________

▶ ______________________________

▶ ______________________________

Den Text verstehen

235 Welche Informationen bekommst du im ersten Absatz über den Erfinder? Äußere dich zu seinem Geburtsjahr, seinem Wohnort und seinem Verhalten.

____

____

236 Der Erfinder wird als „mürrisch und schlecht gelaunt“ (Z. 8) beschrieben.

a Was ist der Grund?

____

____

b Woran erkennt man dass er schlecht gelaunt ist? Beschreibe sein Verhalten.

____

237 „[...] es hatte für ihn keinen Sinn, mit den Leuten zu sprechen.“ (Z. 10 f.)
Wer vertritt diese Meinung? Kreuze an und begründe deine Entscheidung.

- ☐ der Erzähler
- ☐ der Erfinder
- ☐ die Leute

Begründung: ____

____

238 Stelle stichwortartig die guten und schlechten Eigenschaften des Erfinders zusammen.

Gute Eigenschaften	Schlechte Eigenschaften

239 **a** Welche Adjektive treffen auf den Erfinder zu? Unterstreiche im folgenden Kasten diejenigen Adjektive, die du für zutreffend hältst.

> müde, wach, ehrgeizig, dumm, intelligent, faul, fleißig, misstrauisch, arglos, einsam, gesellig, geschickt, ungeschickt, weltfremd, weltoffen, anpassungsfähig, stur, gewissenhaft, nachlässig, unwissend, informiert, verrückt, normal, eifrig, gelangweilt, ratlos, sicher, aktiv, untätig, fröhlich, traurig

b Wähle ein Adjektiv aus, das deiner Meinung nach am besten zum Erfinder passt. Begründe deine Wahl ausführlich.

____

____

____

____

____

240 Erkläre, warum das, was der Erfinder erfunden hat, überflüssig ist.

____

241 Nenne die neun Erfindungen, die der Erfinder zum ersten Mal sieht, als er in die Stadt kommt.

- ______________
- ______________
- ______________
- ______________
- ______________
- ______________
- ______________
- ______________
- ______________

242 Finde eine Erklärung dafür, dass der Erfinder den Fernseher im Restaurant nicht einschalten will.

243 Welche Meinung hat der Erzähler über den Erfinder? Berücksichtige den letzten Satz.

Die Sprache untersuchen

Satzglied Adverbiale (1)

Adverbialien sind Satzglieder, die wichtige **Zusatzinformationen** geben:

- **Lokaladverbialien** informieren über den **Ort**. Du kannst sie so erfragen:
  Wo …? Wohin …? Woher …?
  Beispiel: Der Erfinder ging in die Stadt.
- **Temporaladverbialien** informieren über die **Zeit**. Du kannst sie so erfragen:
  Wann …? Seit wann …? Bis wann …? Wie lange …?
  Beispiel: Nach einer Weile sprach er einen Mann an.

244 Schreibe aus der Erzählung „Der Erfinder" je zwei Adverbialien heraus, die Antworten auf die folgenden Fragen geben.

a Wann?

b Seit wann?

c Wie lange?

d Wo?

e Wohin?

Satzglied Adverbiale (2)

Neben Adverbialien des Ortes und der Zeit gibt es noch weitere Adverbialien:

- **Modaladverbialien** informieren über die **Art und Weise**, wie etwas getan wird oder geschieht. Du kannst sie so erfragen: *Wie …?*
  Beispiel: Der Erfinder fuhr mürrisch nach Hause.
- **Kausaladverbialien** informieren über den **Grund** einer Handlung. Du kannst sie so erfragen: *Warum …?*
  Beispiel: Aufgrund seines Misstrauens weihte er niemanden in seine Pläne ein.

245 Überlege dir Adverbialien, die zur Frage passen, und ergänze sie in den jeweiligen Sätzen.

a Der Erfinder arbeitete den ganzen Tag. *(Wie?)*

____

b Er begriff alles sehr schnell. *(Warum?)*

____

c Einmal war er nicht schlecht gelaunt. *(Warum nicht?)*

____

d Er prüfte seine Pläne nach. *(Wie?)*

____

e Er staunte. *(Warum?)*

____

f Er sprach einen Mann an. *(Wie?)*

____

g Er stieg aus. *(Wie?)*

____

h Er wollte den Fernseher nicht in Betrieb sehen. *(Warum nicht?)*

____

i Er ging nach Hause. *(Wie?)*

____

Die Weglassprobe

Längere Satzglieder sind manchmal schwierig zu bestimmen, weil sie so viele Wörter enthalten. Dann hilft es dir, wenn du deren **Kern** bestimmst. Führe dazu die **Weglassprobe** durch:

- **Streiche** aus der Wortgruppe probeweise einzelne **Wörter weg**.
- Wörter, die du **wegstreichen kannst**, ohne dass der Satz falsch klingt, sind nur **Ergänzungen**.
- Was du nicht wegstreichen kannst, ist der **Kern** des Satzglieds.

Beispiel:

[Das zufrieden in seinem Zimmer spielende Kind] fing plötzlich an zu weinen.

[Das ~~zufrieden~~ in seinem Zimmer spielende Kind] fing plötzlich an zu weinen. ✓

[Das ~~in seinem Zimmer~~ spielende Kind] fing plötzlich an zu weinen. ✓

[Das ~~spielende~~ Kind] fing plötzlich an zu weinen. ✓

[Das Kind] fing plötzlich an zu weinen. ✓

↓

Subjekt

246 Führe bei den Satzgliedern in den Kästchen jeweils die Weglassprobe durch. Bestimme anschließend **alle Satzglieder**. Verwende diese Abkürzungen:

- **S** (Subjekt)
- **P** (Prädikat)
- **O** (Objekt) bzw. **PO** (Präpositionalobjekt)
- **AK** (Kausaladverbiale) bzw. **AL** (Lokaladverbiale) bzw. **AM** (Modaladverbiale) bzw. **AT** (Temporaladverbiale)

a Wegen seiner mühseligen Tüftelei an einer neuen Erfindung lebte der Erfinder jahrelang einsam in seiner am Stadtrand liegenden Wohnung.

b Vom Morgen bis zum Abend saß der unermüdlich tüftelnde Mann in seinem unaufgeräumten Arbeitszimmer unter dem Dach des Hauses.

c Mit unendlichem Fleiß und großer Gewissenhaftigkeit arbeitete er an der Erfindung eines hoch komplizierten elektronischen Geräts.

d Nach langer Zeit des genauen Rechnens und fleißigen Bastelns besuchte der inzwischen alt gewordene Erfinder an einem schönen Nachmittag die Stadt mit all ihren neuen Errungenschaften.

e In einem gut besuchten Kaffeehaus zeigte ihm einer der zahlreichen Gäste einen in einer Ecke stehenden Fernseher.

f Nach dieser sehr großen Enttäuschung verließ der missmutige Tüftler die Stadt mit ihren vielen bösen Überraschungen.

Die Umstellprobe

Bei der Umstellprobe veränderst du die **Reihenfolge** der Satzglieder in einem Satz.
Dabei kannst du feststellen, …

- welche Wörter **zu einem Satzglied gehören:** Alle Wörter, die zu einem Satzglied gehören, lassen sich nämlich **nur als Gruppe** verschieben.
- was sich **am Klang** und **am Sinn** eines Satzes **ändert:** Die Hauptbetonung liegt immer auf dem ersten Satzglied.

Beispiel:

Die übliche Reihenfolge:

Der Erfinder	tüftelte	viele Jahre lang	an seinen Erfindungen.
1. Subjekt	*2. Prädikat*	*3. Temporaladverbiale*	*4. Präpositionalobjekt*

→ *Die Betonung hebt kein Satzglied besonders hervor.*

Andere Reihenfolgen:

Viele Jahre lang tüftelte der Erfinder an seinen Erfindungen.

→ *Die Betonung liegt auf dem Temporaladverbiale.*

An seinen Erfindungen tüftelte der Erfinder viele Jahre lang.

→ *Die Betonung liegt auf dem Präpositionalobjekt.*

247 Sieh dir die Beispiele im oben stehenden Kasten gut an und beantworte dann die folgenden Fragen.

a Welches Satzglied bleibt immer an der gleichen Position?

____

b An welcher Position steht dieses Satzglied?

____

248 **a** Verändere probeweise die Reihenfolge der Satzglieder. Korrigiere, wenn nötig, die Groß- und Kleinschreibung.

1	2	3	4
Der Erfinder	überprüfte	gewissenhaft	seine Pläne.

1	2	3	4
Er	ging	nach langer Zeit	in die Stadt.
Er	sah	dort	viele neue Dinge.
Die Menschen	kannten	seine Erfindung	seit Langem.
Ein Fernseher	stand	längst	in vielen Häusern.
Der Erfinder	ging	enttäuscht	nach Hause.

b Wähle jeweils die Sätze aus, bei denen dir die Reihenfolge der Satzglieder am besten gefällt, und füge sie zu einem kurzen Text zusammen.

Richtig schreiben

Kurz gesprochene Vokale richtig schreiben

- Nach **kurz gesprochenem Vokal** folgen in der Regel zwei oder mehrere Konsonanten: entweder ein **Doppelkonsonant** oder mehrere **verschiedene**.
  Beispiele: Affe, Kummer, fallen *(Doppelkonsonant)*
  Halt, Sand, fasten, Tasche *(zwei oder mehrere verschiedene Konsonanten)*
- Der Doppelkonsonant steht in der Regel auf der **Grenze zwischen zwei Silben**. Wenn das nicht der Fall ist, kann man oft eine andere Wortform finden, bei der er doch diese Position einnimmt.
  Beispiele: lässt – las | sen; kennt – ken | nen; Null – Nul | len
- Die Konsonanten **k** und **z** werden **nicht verdoppelt**; stattdessen schreibst du nach kurzem Vokal **ck** und **tz**. (Ausnahme: einige Fremdwörter, z. B. *Pizza, Trekking*).
  Beispiele: Ecke, kleckern, Mütze, schwitzen
- Einige Wörter erhalten **nur im Plural** einen **Doppelkonsonanten**.
  Beispiele: Lehrerin – Lehrerinnen, Bus – Busse, Ergebnis – Ergebnisse
- Es gibt einige einsilbige **Ausnahmewörter:**
  – kein Doppelkonsonant nach kurzem Vokal
  Beispiele: das, in, mit, bis, hin, von
  – Doppelkonsonant am Silbenende, kein zweisilbiges Wort möglich
  Beispiele: dann, denn, wenn, dass

249 Begründe die Schreibweise mit Doppelkonsonant. Verändere die Wörter so, dass der Doppelkonsonant auf der Grenze zwischen zwei Silben steht.

a Man **kann** den Beruf nicht lernen. kön | nen

b Niemand **kannte** den Erfinder. ______

c Es hatte keinen **Sinn**, mit Leuten zu reden. ______

d Er dachte, sie **wollten** von ihm abschreiben. ______

e Der Erfinder ging früh zu **Bett**. ______

f Er **wusste** nicht, dass es Radios gab. ______

250 Erkläre, warum bei den folgenden Wörtern nach kurz gesprochenem Vokal kein Doppelkonsonant folgt.

Erfinder, selten, Stunden, Hand, Wald, alt, Kind

Erklärung: ______

______

Spezialfall s-Laute

Es gibt drei Möglichkeiten, den s-Laut zu schreiben: **s – ss – ß**.
Für die richtige Schreibweise gibt es klare Regeln:

- Am **Wortanfang** schreibt man immer **s**.
  Beispiele: sagen, suchen, Saft
- Der **weiche, stimmhafte s-Laut** wird immer als **s** geschrieben.
  Beispiele: Käse, Reise, lesen
- Nach **lang gesprochenem Vokal** (auch nach **au, äu, ei, eu, ie**) schreibst du den **scharfen, stimmlosen s-Laut** als **ß**.
  Beispiele: Straße, fließen, draußen
- Nach **kurz gesprochenem Vokal** schreibst du den **scharfen, stimmlosen s-Laut** als **ss**. Er steht dann auf der Grenze zwischen zwei Silben – oder es lässt sich eine Form des Wortes finden, bei der das der Fall ist.
  Beispiele: Kis|sen, Was|ser, wisst (wis|sen)
- Am **Wortende** klingt der s-Laut **immer stimmlos. Verlängere** das Wort oder suche ein längeres Wort aus der gleichen **Wortfamilie**, dann hörst du, ob der s-Laut scharf oder weich gesprochen wird.
  Beispiele: Haus → Häuser, Los → Lose (*s-Laut wird stimmhaft* → s)
  weiß → weißer, Gruß → Grüße (*s-Laut bleibt stimmlos, langer Vokal* → ß)
  blass → blasser, Hass → hassen (*s-Laut bleibt stimmlos, kurzer Vokal* → ss)

251 Trage in dem folgenden Text die richtigen s-Laute in die Lücken ein. Achte auch auf die Schreibweisen der Wörter *das* und *dass*.

Der Erfinder ___a___ die ganze Zeit zu Hau___e und rechnete. Denn er wollte eine gro___artige Erfindung machen. Er legte ___eine Stirn in Falten, fuhr ___ich mit ___einer Hand über da___ Ge___icht und dachte nach. Oft zerri___ er am Abend ___eine Zeichnungen, wenn er merkte, da___ sie falsch waren. Irgendwann war er aber doch erfolgreich: Er erfand den Fern___eher. Da rollte er die Zeichnungen zu___ammen und fuhr in die Stadt. Dort hatte ___ich viel verändert. Der Erfinder merkte, da___ er viele der neuen Dinge noch nicht kannte. Er wu___te nicht, an wen er ___ich mit ___einer Erfindung wenden ___ollte. Da ___agte ihm ein Mann, da___ die Erfindung gar nicht neu ___ei. Der Erfinder verstand: Er hätte da___ Gerät gar nicht mehr erfinden mü___en! Da ging er nach Hau___e. Aber er hörte nicht auf, zu tüfteln. Statt ___ich zur Ruhe zu ___etzen, erfand er alle Dinge noch einmal. Er hätte ___eine Zeit be___er nutzen können.

Sich schriftlich äußern

Durch Schreiben über eine Frage nachdenken

Wenn du dich mit einer Frage beschäftigst, die nicht einfach zu beantworten ist, bietet es sich an, **schriftlich** über das Problem nachzudenken. Dann kannst du deine **Gedanken** gut **sammeln** und **ordnen**.

- Notiere deine Gedanken zunächst ungeordnet, z. B. mithilfe eines **Clusters:** Dazu schreibst du die Frage, mit der du dich beschäftigst, in die Mitte eines Blattes und notierst stichwortartig rundherum alles, was dir dazu einfällt.
- Wenn du alle Überlegungen gesammelt hast, siehst du dir deine **Stichworte** genauer an. Kennzeichne Gedanken, die inhaltlich zusammengehören, als **Gruppe**. Markiere diese Wörter z. B. mit derselben Farbe oder verwende dafür verschiedene Zeichen (z. B. □ ◆ ○ ▲ ✱) bzw. Buchstaben (a, b, c, d …).

Durch dieses Vorgehen behältst du den **Überblick**. Außerdem kannst du **Schwerpunkte** besser erkennen: Wenn es bei einer „Gedanken-Gruppe" besonders viele Stichpunkte gibt, dann ist sie besonders wichtig.

252 Der Erfinder hat gerade festgestellt, dass es die Erfindung, an der er sein Leben lang gearbeitet habe, schon gibt! Und er fragt sich nun: *Sollte ich weitere Erfindungen machen?*

Notiere in einem Cluster (→ Heft) alle Gedanken, die der Erfinder haben könnte. Markiere zusammengehörige Einfälle mit gleichen Symbolen.

253 Schreibe nun einen **Tagebucheintrag** des Erfinders mit ca. 300 Wörtern (→ Heft). Dein Erfinder soll zu einem anderen Ergebnis kommen als in der Erzählung: Lass ihn beschließen, mit dem Erfinden aufzuhören.

Beginne damit, dass er noch einmal an die Erlebnisse des Tages zurückdenkt:

Heute war ich nach langer Zeit zum ersten Mal wieder in der Stadt. Ich wollte meine Erfindung bekannt machen. Aber …

Danach leitest du zur eigentlichen Frage über:

Sollte ich weitere Erfindungen machen?

Abschlusstest zum Stoff der 6. Klasse: Der aufrechte Gang

Nicht nur durch seine geistigen und praktischen Fähigkeiten [...] unterscheidet sich der Mensch von allen anderen Säugetieren, sondern auch durch seinen aufrechten Gang. Dieser hebt den Menschen augenscheinlich von der Säugetierwelt ab, obwohl er biologisch den Säugetieren zuzuordnen ist. [...]

Doch der aufrechte Gang des Menschen ist keine biologische Spezialisierung, wie man vielleicht meinen könnte. Sie bringt ihm ja keine Vorteile bei der Bewältigung seines Lebensalltags, vor allem keine Schnelligkeit bei der Fortbewegung. Schimpansen, unsere nächsten Verwandten im Tierreich, bewegen sich auf allen Vieren wesentlich schneller vorwärts als wir auf zwei Beinen.

Was seine körperlichen Leistungen betrifft, so liegt die Besonderheit des Menschen nicht in irgendwelchen Spezialisierungen, wie sie die meisten Tierarten entwickelt haben, sondern in seiner Vielseitigkeit. Würde man alle Säugetierarten an einem „Triathlon-Wettbewerb" aus 500 Meter Schwimmen, 1 000 Meter Laufen und 10 Meter Klettern teilnehmen lassen, ginge der Mensch als sicherer Sieger hervor. In den Einzeldisziplinen jedoch wäre er vielen Tierarten unterlegen. Im aufrechten Gang drückt sich dieser Hang zur Vielseitigkeit körperlich aus.

Aber wieso richteten sich die Vorfahren des Homo sapiens nach und nach auf, nachdem sie sich von der Schimpansen-Linie abgespalten und ihren eigenen Evolutionsweg[1] eingeschlagen hatten?

Bislang versuchten die Wissenschaftler, diese Frage mit der sogenannten Savannen-Theorie zu erklären. Der Frühmensch habe, nachdem er von den Bäumen herabgestiegen war, den aufrechten Gang mit der Zeit eingenommen, um den Lebensraum Savanne, das Grasland, zu erobern. Denn nur der aufrechte Gang bietet im hohen Savannengras den nötigen Überblick, sei es, um Gefahren rechtzeitig zu erkennen oder nach Jagdwild auszuspähen. Der aufrechte Gang erlaubte es den Vorläufern des Homo sapiens zudem,

1 *Evolution:* Entwicklung der Lebewesen

ihre Hände frei zu haben, etwa für Jagdwaffen oder einfache Werkzeuge. Allerdings zeigen gerade die Schimpansen, wie man sich flink auf allen Vieren fortbewegen und dabei dennoch Gegenstände bei sich tragen kann. Zum Spähen richten sie sich kurzzeitig auf und fallen dann auf alle Viere zurück. Die Frage ist also gar nicht so sehr, warum der Frühmensch sich aufgerichtet hat, sondern wieso er allmählich in dieser Haltung blieb. [...]

Diese gängige Theorie lässt also die eine oder andere Frage offen. Eine neue Theorie geht davon aus, dass der Frühmensch nicht nur Savannenbewohner war, sich also nicht nur auf diesen einen Lebensraum spezialisiert hat, sondern während dieser Frühzeit noch in mehreren unterschiedlichen Lebensräumen lebte: in den Bäumen, auf dem Grasland und vor allem auch im Wasser. Schon die menschlichen Körperproportionen[2] verweisen auf eine Millionen Jahre währende Anpassung an mehrere Lebensräume. Die im Vergleich zum Schimpansen wesentlich längeren Beine erleichterten dem aufrecht gehenden Menschen das Waten im Flachwasser. Überhaupt, so die neue Theorie, habe sich der Frühmensch den aufrechten Gang nicht in der Savanne, sondern im Wasser angewöhnt. Möglicherweise hatte der Frühmensch sogar über eine längere Epoche vorwiegend im Wasser gelebt und dort einige der körperlichen Merkmale entwickelt, die ihn vom Menschenaffen unterscheiden. Im Wasser habe er beispielsweise den größten Teil seiner Körperbehaarung verloren, gleichzeitig aber unter der Haut besondere, für den Menschen typische Fettpolster als Wärmeschutz ausgebildet. Dazu passt die auffallende Zuneigung von Menschenbabys zum Wasser; sie können bereits im ersten Lebensmonat tauchen. Auch wiegt ein neugeborener Mensch fast doppelt so viel wie ein Schimpansen-Neugeborenes – wegen der Fettschicht, die, so die neue Theorie, für ein urzeitliches Wasserdasein lebensnotwendig war. Für reine Landbewohner aber wäre ein derart schwergewichtiger Nachwuchs von erheblichem Nachteil. Die Geburt ist schwierig, und die Kinder sind nur unter großem Kraftaufwand durchs Gelände zu tragen, was bei der Flucht Gefahren heraufbeschwört. Im Wasser hingegen trägt das Wasser die Hauptlast und erleichtert so die Fortbewegung. Auch der Geburtsvorgang bei den großen Menschenbabys wird im Wasser erleichtert.

Nicht alle typischen Merkmale des Menschen lassen sich auf eine Amphibienexistenz in der Frühzeit zurückführen. Doch der aufrechte Gang wird dadurch irgendwie verständlicher.

2 *Körperproportionen:* Größenverhältnisse der einzelnen Körperteile zueinander

Textsorten kennen

Punkte

1 a Bestimme die Textsorte. 1 P.

____

b Begründe deine Entscheidung. 1 P.

____

____

Lesestrategien entwickeln

2 Erkläre die Bedeutung der folgenden Wörter anhand des Textzusammenhangs.

a Triathlon-Wettbewerb (Z. 13): 1 P.

____

____

b Savanne (Z. 25): 1 P.

____

____

c Amphibienexistenz (Z. 65 f.): 1 P.

____

____

Den Text verstehen

3 Wodurch unterscheidet sich der Mensch von allen anderen Säugetieren? Nenne drei Unterschiede. 3 P.

- ____________________
- ____________________
- ____________________

4 Welcher dieser drei Unterschiede bestimmt das Thema dieses Textes? 1 P.

____

5 **a** Kreuze an. 1 P.

Der aufrechte Gang ist ...

☐ eine Spezialisierung.

☐ keine Spezialisierung.

b Begründe deine Entscheidung. 2 P.

____

____

6 „Was seine körperlichen Leistungen betrifft, so liegt die Besonderheit des Menschen [...] in seiner Vielseitigkeit.“ (Z. 10 ff.)
Erläutere diese Aussage möglichst ausführlich. 4 P.

____

____

____

____

7 In welcher Hinsicht sind Schimpansen dem Menschen überlegen? 2 P.

____

8 In welcher Hinsicht ist der Mensch den Schimpansen überlegen? 2 P.

____

____

9 In dem Text ist von zwei Theorien die Rede.

Hinweis: Eine Theorie ist immer ein Versuch, eine einleuchtende Antwort auf eine bestimmte Frage zu liefern.

a Formuliere die Frage, mit der sich die beiden Theorien befassen. 2 P.

____

b Welche unterschiedlichen Antworten geben die beiden Theorien? 4 P.

Theorie 1: ______________________________

____

Theorie 2: ______________________________

____

10 Welche Begründung gibt die erste Theorie? 3 P.

____

____

____

11 Welche Frage bleibt bei der ersten Theorie offen? 4 P.

____

____

____

____

12 Nenne vier Besonderheiten des Menschen, die zur zweiten Theorie passen. Schreibe jeweils einen vollständigen Satz. 8 P.

- ______________________________

  ____
- ______________________________

  ____
- ______________________________

  ____
- ______________________________

  ____

13 In welchem Forscherteam würdest du lieber mitarbeiten? Kreuze an und begründe anschließend deine Entscheidung. 4 P.

Ich würde lieber in einem Forscherteam mitarbeiten, das die ...

☐ erste Theorie verfolgt.

☐ zweite Theorie verfolgt.

Begründung: ______________________________

____

____

____

Die Sprache untersuchen

14 Erkläre, was die Eintragungen im Wörterbuch bedeuten.

① ② ③

a **Mensch**, der; -en; -en 1,5 P.

1. ______________________________
2. ______________________________
3. ______________________________

① ②

b **lang**; länger, längste 1 P.

1. ______________________________
2. ______________________________

① ② ③ ④ ⑤

c **laufen**; du läufst; du liefst (liefest); gelaufen; lauf[e]! 2,5 P.

1. ______________________________
2. ______________________________
3. ______________________________
4. ______________________________
5. ______________________________

15 Ordne die folgenden Wörter nach dem Alphabet. 4 P.

Schnelligkeit – Schimpanse – Spezialisierung – Schwimmen – Sieger – Savanne – Schutz – Schicht

1. ______________ 5. ______________

2. ______________ 6. ______________

3. ______________ 7. ______________

4. ______________ 8. ______________

16 Wie heißt das korrekte Stichwort im Wörterbuch? 4 P.

a biologische: ______________

b Disziplinen: ______________

c Bäumen: ______________

d herabgestiegen: ______________

e längere: ______________

f trägt: ______________

g Merkmale: ______________

h verständlicher: ______________

17 In welcher Zeitform (Tempus) stehen die ersten beiden Absätze des Textes (Z. 1–9)? 1 P.

____

18 **a** Welche Zeitformen findest du im vorletzten Absatz (Z. 39–64)? Kreuze an. 4 P.

- ☐ Futur I
- ☐ Futur II
- ☐ Präsens
- ☐ Perfekt
- ☐ Präteritum
- ☐ Plusquamperfekt

b Schreibe in Kurzform je einen Beispielsatz heraus (nur Subjekt und Prädikat). 4 P.

- ▶ ______________________________

  (Zeitform: ________________)

- ▶ ______________________________

  (Zeitform: ________________)

- ▶ ______________________________

  (Zeitform: ________________)

- ▶ ______________________________

  (Zeitform: ________________)

19 Formuliere Sätze im Futur I. Sie sollten inhaltlich zu den Sätzen in der linken Spalte passen. 10 P.

Bis heute	In Zukunft
Es gibt noch keine Klimakatastrophe.	*Es wird vielleicht eine Klimakatastrophe geben.*
Die Forscher verstehen die Entwicklung des Menschen noch nicht ganz.	
Die Menschen wissen vieles noch nicht.	
Die technische Entwicklung ist noch nicht am Ende.	
Die Menschen haben noch keine Roboter in ihren Haushalten.	
Die meisten Gebäude werden noch nicht mit erneuerbarer Energie beheizt.	

20 Unterstreiche in den folgenden Sätzen die Präpositionen. 9 P.

a Vor langer Zeit lebten die Menschen noch auf Bäumen.

b Irgendwann aber stiegen sie von den Bäumen herab.

c Fortan lebten sie in der Savanne.

d Dort gewöhnten sie sich an den aufrechten Gang.

e Der aufrechte Gang bot einige Vorteile für die Menschen.

f In aufrechter Haltung konnten sie frühzeitig Gefahren erkennen.

g Auch hatten sie die Hände für Waffen oder Werkzeuge frei.

h Doch nicht alle Forscher glauben an die Savannen-Theorie.

21 Verbinde die folgenden Sätze durch passende Konjunktionen. Verwende bei den Teilaufgaben a und b eine **nebenordnende Konjunktion** und bei c, d und e eine **unterordnende Konjunktion**.

a Der Mensch ist ein Säugetier. Durch seinen aufrechten Gang unterscheidet er sich von anderen Säugetieren. 2 P.

____

____

b Der aufrechte Gang ist keine Spezialisierung. Er bietet keine Vorteile. 2 P.

____

____

c Die Vorfahren des Menschen richteten sich nach und nach auf. Sie hatten sich von der Schimpansen-Linie abgespalten. 2 P.

____

____

d Der Frühmensch war nicht nur Savannenbewohner. Er lebte in unterschiedlichen Lebensräumen. 2 P.

____

____

e Einige Forscher glauben: Der Frühmensch hat auch im Wasser gelebt. 2 P.

____

____

22 Füge *das* oder *dass* in die Lücken ein und bestimme die Wortart. Verwende folgende Abkürzungen:

- **A** (Artikel)
- **D** (Demonstrativpronomen)
- **K** (Konjunktion)
- **R** (Relativpronomen)

a Eine neue Theorie geht davon aus, ________ (___) der Frühmensch in unterschiedlichen Lebensräumen lebte. 1 P.

b Die langen Beine erleichterten den Menschen ________ (___) Waten im flachen Wasser. 1 P.

c ________ (___) Fett, ________ (___) der Mensch als Polster unter der Haut hat, war für ein Leben im Wasser notwendig. 2 P.

d Die Menschenbabys mögen ________ (___) Wasser; ________ (___) zeigt sich zum Beispiel daran, ________ (___) sie schon im ersten Lebensmonat tauchen können. 3 P.

e ________ (___) Babys tauchen können, ist erstaunlich. 1 P.

23 Trage die Nomengruppen in der richtigen Form in die Lücken ein. Bestimme anschließend den Kasus. Verwende folgende Abkürzungen:

- **N** (Nominativ)
- **G** (Genitiv)
- **D** (Dativ)
- **A** (Akkusativ)

a *der Mensch / zwei Beine*:
Die meisten Säugetiere bewegen sich nicht wie ________________ (___) auf ______________________ (___). 4 P.

b *diese Fortbewegung:*
Auch der Mensch hat _________________________ (___) erst im Laufe der Zeit entwickelt. 2 P.

c *die Savanne:*

Einige Forscher erklären diese Entwicklung damit, dass der Mensch in ______________________ (___) gelebt hat. 2 P.

d *einige Vorteile:*

Sie sagen, dass das Gehen auf zwei Beinen ______________________ (___) bietet. 2 P.

e *eine Waffe / die Hand:*

So kann man mit __________________ (___) in __________________ (___) laufen. 4 P.

f *diese Theorie:*

Neuerdings bezweifeln einige Forscher ____________________ (___). 2 P.

g *verschiedene Lebensräume:*

Sie behaupten, dass der Mensch ursprünglich in __________________ ______________________ (___) gelebt hat. 2 P.

h *das Leben / diese Theorie / seine Körperbehaarung / ein Fettpolster / die Haut:*

Durch ________________ (___), so heißt es nach ________________ (___), habe der Mensch ________________________________ (___) verloren und ___________________ (___) unter ________________ (___) entwickelt. 10 P.

i *diese neue Theorie / einige Fragen:*

Aber ____________________________ (___) lässt auch ___________ ______________ (___) offen. 4 P.

24 Wandle die folgenden Aktivsätze in Passivsätze um. Ändere, wenn nötig, die Reihenfolge der Satzglieder. Das Tempus darfst du aber nicht verändern.

a Die meisten Lebewesen entwickelten für die Fortbewegung eine Spezialisierung. 2 P.

____

b Die Forscher erklärten die Entwicklung zum aufrechten Gang bisher mit der Savannen-Theorie. 2 P.

____

____

c Im aufrechten Gang erkannten die Menschen frühzeitig Gefahren. 2 P.

____

d Die Savannen-Theorie beantwortet aber nicht alle Fragen. 2 P.

____

e Einige Forscher führen die typischen Merkmale des Menschen auf eine Amphibienexistenz zurück. 2 P.

____

____

25 Markiere die Grenzen zwischen den Satzgliedern mit | und bestimme sie dann. Verwende diese Abkürzungen:

- **S** (Subjekt)
- **P** (Prädikat) bzw. **P1**, **P2** … (bei mehrteiligen Prädikaten)
- **O** (Objekt) bzw. **PO** (Präpositionalobjekt)
- **AK** (Kausaladverbiale) bzw. **AL** (Lokaladverbiale) bzw. **AM** (Modaladverbiale) bzw. **AT** (Temporaladverbiale)

a Mit der Zeit entwickelte der Frühmensch den aufrechten Gang. 4 P.

____

b Dadurch konnte er seine Hände für die Jagd gebrauchen. 6 P.

____

c In der Savanne brauchte er das. 4 P.

____

d Schimpansen können sehr schnell laufen. 4 P.

____

e Menschen meistern erfolgreich die verschiedensten Disziplinen. 4 P.

____

f Die Savannen-Theorie hat bis heute einige Fragen beantwortet. 5 P.

____

Richtig schreiben

26 **a** Erkläre, was eine Nominalisierung ist. 2 P.

____

____

b Schreibe aus dem Text zwei Beispiele für eine Nominalisierung heraus. 2 P.

▶ ____

▶ ____

27 Unterstreiche im folgenden Text die typischen Begleiter von Nomen. Schreibe den Text anschließend richtig ab (→ Heft). 24 P.

WARUM EIGENTLICH GEHT DER MENSCH AUF ZWEI BEINEN? ALLE ANDEREN SÄUGETIERE BEWEGEN SICH DOCH AUF VIER BEINEN! DIE FORSCHER HABEN ÜBER DIESE FRAGE SCHON LANGE NACHGEDACHT. ABER SIE HABEN BIS HEUTE KEINE AUSREICHENDE ERKLÄRUNG DAFÜR GEFUNDEN. EINE THEORIE GEHT DAVON AUS, DASS DER MENSCH EINE ZEIT LANG AUF DEN BÄUMEN GELEBT HAT UND DASS ER IRGENDWANN DAVON HERUNTERGESTIEGEN IST. BEIM LEBEN IN DER SAVANNE HABE ER DANN DEN AUFRECHTEN GANG ENTWICKELT.

28 Streiche die falsch geschriebenen Wörter durch und notiere die richtige Schreibweise in der rechten Spalte. 23 P.

Eine andere Teorie besagt, das die Frü-	
menschen in ganz verschidenen Lebens-	
reumen gelept haben. Sie haben sich an	
die unterschietlichen Umweltbedingun-	
gen angepast. Schon die Gröse der Glied-	
massen würde zeigen, das die Menschen	
nicht nur in der Savanne zu Hause wa-	
ren. Auch der Körperbau lesst erkennen,	
dass die Menschen sich vor allem im	
wasser aufgehallten haben. Sie haben	
nämlich ihre Körperbeharung verloren.	
Auserdem haben sie unter ihrer haut eine	
Fettschicht entwikelt. Dass war ein Schuz	
gegen die Kelte. Aber nicht alle merkmale,	
die der Mensch heute hat, sprechen dafür,	
dass unsere Forfahren einmal wie die	
Fische waren.	

Sich schriftlich äußern

29 Schreibe **zwei Briefe**, in denen sich zwei Forscher über folgende Frage austauschen: *Wie kam der Mensch zum aufrechten Gang?*

- Der erste Forscher ist ein Anhänger der „Savannen-Theorie". Er schreibt den **ersten Brief**, in dem er dem zweiten Forscher erklärt, warum er die „Savannen-Theorie" für richtig hält.
- Der zweite Forscher ist ein Anhänger der „Wasser-Theorie". Er macht den ersten Forscher in seinem **Antwortbrief** darauf aufmerksam, dass es bei der „Savannen-Theorie" einige ungeklärte Fragen gibt, und versucht ihn von der Richtigkeit der „Wasser-Theorie" zu überzeugen …

Jeder Brief soll ungefähr 120 bis 150 Wörter lang sein (→ Heft). 36 P.

Lösungen

Kapitel 1: Das Morsealphabet

1 *Mögliche Lösung:*

Die Schrift ist eine tolle Erfindung, aber es gibt einige Bereiche des Lebens, in denen wir Nachrichten nicht mit unserer Buchstabenschrift übermitteln können. (Z. 1 ff.) — *allgemeine Aussage*

Als zum Beispiel die Telegrafie erfunden wurde, stand man vor der Schwierigkeit, Nachrichten durch ein Kabel zu senden. (Z. 3 f.) — *Beispiel*

2 *Mögliche Lösung:*

Doch durch eine elektrische Leitung kann man nur Strom schicken und keine Buchstaben. (Z. 4 f.) — *allgemeine Aussage*

Heute kann man Sprache und sogar Bilder viel besser über Funk übermitteln […]. (Z. 34 f.) — *allgemeine Aussage*

3 Es geht um …

[X] die Erklärung, warum die Erfindung des Morsealphabets sinnvoll war.

4 Man konnte durch ein Stromkabel nur elektrischen Strom senden, aber keine Buchstaben.

5 Samuel Morse

6 Für die einzelnen Buchstaben werden unterschiedlich viele lange und kurze Stromstöße durch ein Kabel gesendet.

7 Nachrichten konnten per Funk (d. h. ohne Elektrokabel, drahtlos) übermittelt werden.

8 Das Morsealphabet wurde lange in der Schifffahrt benutzt.

9 ••• ——— •••

S O S

10
- Die Nachricht steht für: „**S**ave **o**ur **s**ouls." („Rettet unsere Seelen.") Das passt zur Situation (Seenot).
- Die Buchstaben sind selbst bei schlechtem Empfang noch zu entschlüsseln.

11 Die SOS-Botschaft wurde erstmals in der Nacht vom 14. auf den 15. April 1912 gesendet.

12 ☒ Es waren keine Schiffe in der Nähe.

13 Heute können Nachrichten als Sprache und als Bilder per Funk übermittelt werden.

14 Ich könnte das Morsealphabet in einem Zeltlager benutzen. Wenn ein Freund sein Zelt am anderen Ende des Zeltlagers aufgeschlagen hat, könnte ich ihm mit der Taschenlampe eine Nachricht übermitteln.

15 SOS – wir haben einen Eisberg gerammt – sinken schnell – kommt uns zu Hilfe.

16 drahtlos, werden, Schiff, anwenden, können, benachbart, Morsealphabet, Entfernung, kommen, sein, zusammenstoßen, erreichen, sinken

17
- **a** Das Wort „Maniküre" stammt aus dem Französischen; es bedeutet „Handpflege".
- **b** „Fummel" ist ein umgangssprachlicher Ausdruck für ein „billiges Kleid".
- **c** Das Wort „permanent" stammt aus dem Lateinischen; es bedeutet: „ununterbrochen, ständig".
- **d** Das Wort „fuscheln" ist nur in einer bestimmten Gegend gebräuchlich; es bedeutet „rasch hin- und herbewegen".
- **e** Man soll beim Stichwort „lacken" nachschauen.
- **f** „Hader" ist ein Ausdruck der gehobenen Sprache; er bedeutet „Zank, Streit".
- **g** Die übliche Bedeutung des Worts „Pfründe" ist: Einkommen durch ein Kirchenamt. Scherzhaft meint man damit ein fast „müheloses Einkommen".
- **h** Das Wort „cool" wird umgangssprachlich verwendet für „ruhig, überlegen, kaltschnäuzig". Außerdem ist es ein Audruck aus der Jugendsprache, wo es „hervorragend, super" bedeutet.

18 a **Schiff**, das; Genitiv: des Schiff[e]s, Plural: die Schiffe

b **Kapitän**, der; Genitiv: des Kapitäns, Plural: die Kapitäne; ein Wort aus dem Italienischen und Französischen

c **Alphabet**, das; Genitiv: des Alphabet[e]s, Plural: die Alphabete; das Wort bedeutet „Abc“

d **Nachricht**, die; Genitiv: der Nachricht, Plural: die Nachrichten

e **Signal**, das; das Wort wird auch wie „ziŋ’nal“ ausgesprochen; Genitiv: des Signals, Plural: die Signale; ein Wort aus dem Lateinischen; es bedeutet: „Zeichen mit festgelegter Bedeutung“ oder „[Warn]zeichen“

f **Zeichen**, das; Genitiv: des Zeichens, Plural: die Zeichen; man setzt ein Zeichen

19

Positiv (Grundform)	Komparativ	Superlativ
nah	näher	am nächsten
lang	länger	am längsten
gern	lieber	am liebsten
krank	kränker	am kränksten
dumm	dümmer	am dümmsten
kalt	kälter	am kältesten
kurz	kürzer	am kürzesten
hoch	höher	am höchsten
gut	besser	am besten
stark	stärker	am stärksten

20 a **laufen**, du läufst, er läuft; du lief[e]st, er lief; gelaufen; lauf[e]!

b **kommen**, du kommst, er kommt; du kamst, er kam; gekommen; komm[e]!

c **gehen**, du gehst, er geht; du gingst, er ging; gegangen; geh[e]!

d **essen**, du isst, er isst; du aßest, er aß; gegessen; iss!

e **schwimmen**, du schwimmst, er schwimmt; du schwammst, er schwamm; geschwommen; schwimm[e]!

21 a **schreiben**, du schreibst, er schreibt; du schriebst, er schrieb; geschrieben; schreib[e]!

b **lesen**, du liest, er liest; du lasest, er las; gelesen; lies!

c **sehen**, du siehst, er sieht; du sahst, er sah; gesehen; sieh(e)!

d **vergessen**, du vergisst, er vergisst; du vergaßest, er vergaß; vergessen; vergiss!

e **sprechen**, du sprichst, er spricht; du sprachst (sprachest), er sprach; gesprochen; sprich!

22

Alphabet – Beispiel – Ausweg – Luxusschiff – stieß – Eisberg – Funk – Wind

23

a	Boxer	**brav**	breitschlagen
b	aufreiben	**Auge**	Aula
c	bedrückt	**Beginn**	Beherrschung
d	Bestallung	**Betrug**	Bettruhe
e	Fiedel	**Film**	fischen
f	Frottee	**Fundbüro**	Funkwesen
g	Bonner	**Boss**	Boxenstopp

24 Wahrscheinlich hat er das Wort „fertig" unter den Wörtern gesucht, die mit dem Buchstaben v beginnen.

25

Zwei Schiffe können nicht nur per Vunk miteinan-	Funk, der
der Kontackt aufnehmen, sondern sie können sich	Kontakt, der
auch auf andere Waise miteinander verstendigen.	Weise, die /(sich) verständigen
Beispielsweise gipt es auch die Möglichkeid, sich	geben / Möglichkeit, die
mithilfe von Flaggen Nachrichten zu senden.	
Dann helt ein Matrose in jeder Hand eine Flagge	halten
und stregt beide Arme zur Seite. Nun bewekt er die	strecken / bewegen
Flaggen. Jedem Buchstaben des Alfabets entspricht	Alphabet, das
eine bestimmte Ställung der Flaggen.	Stellung, die

26 a Zu einer Person hingehen und direkt mit ihr sprechen:

Mögliche Vorteile	Mögliche Nachteile
man kann sich gegenseitig anschauen	vielleicht unangenehm
sofortige Antwort möglich	keine Zeit zum Nachdenken
Missverständnisse können gleich ausgeräumt werden	man spricht evtl. unüberlegt, es kann zum Streit kommen
direkter Kontakt, Freundschaftspflege	großer Zeitaufwand

b Die Person anrufen:

Mögliche Vorteile	Mögliche Nachteile
geht schnell	kostet Gebühren
sofortige Antwort möglich	keine Zeit zum Nachdenken
Gespräch kann jederzeit beendet werden	man spricht evtl. unüberlegt, es kann zum Streit kommen
geringer Aufwand	Telefonnummer evtl. unbekannt

c Der Person eine E-Mail senden:

Mögliche Vorteile	Mögliche Nachteile
Versenden Tag und Nacht möglich	man hört die Stimme nicht
Empfänger liest, wann er will, wird nicht gestört	wirkt evtl. unpersönlich (wie Werbung); wird evtl. nicht beachtet (E-Mail-Flut)
Nachrichten in Ruhe formulieren	E-Mail-Adresse evtl. unbekannt
schnelle Übermittlung	Person hat evtl. keinen Internetanschluss

d Der Person einen Brief schicken:

Mögliche Vorteile	Mögliche Nachteile
Schreiben Tag und Nacht möglich	Versand dauert lange
Empfänger liest, wann er will, wird nicht gestört; freut sich vielleicht	Empfänger bekommt Nachricht evtl. zu spät
in Ruhe schreiben	Schreiben per Hand mühevoll
Nachrichten schwarz auf weiß	evtl. Ärger (kann man nicht zurücknehmen)

e Der Person eine Kurznachricht senden:

Mögliche Vorteile	Mögliche Nachteile
Versenden Tag und Nacht möglich	Person muss Handybesitzer sein
Nachricht kommt schnell an	nur Kurznachrichten möglich
Nachricht erreicht Empfänger überall	umständliches Eintippen
Empfänger kann Nachricht jederzeit lesen	evtl. Ärger (kann man nicht zurücknehmen)

27 *Mögliche Lösungen:*

a Zu einer Person hingehen und direkt mit ihr sprechen würde ich bei jemandem, der mir wichtig ist, z. B. bei einem Freund. Ich würde vor allem dann hingehen, wenn ich das Gefühl hätte, dass die Person den Kontakt mit mir braucht, z. B. weil sie ein Problem hat. Wahrscheinlich würde ich den Weg aber nicht auf mich nehmen, wenn ich viel zu tun hätte.

b Anrufen würde ich eine Person vor allem dann, wenn es ganz dringend wäre, ihr eine Nachricht zu vermitteln. Beispielsweise würde ich einen Mitschüler anrufen, wenn mir abends plötzlich einfiele, dass er mir am nächsten Tag unbedingt noch etwas zur Schule mitbringen soll. Da wäre ein Anruf am besten, denn das ginge nicht nur schnell, sondern ich würde es auch sofort merken, wenn derjenige meine Nachricht nicht bekommen hat.

c Ich würde einer Person eine E-Mail senden, wenn ich das, was ich zu sagen habe, schnell loswerden möchte. Allerdings darf es keine sehr dringende Nachricht sein, denn man weiß ja nicht, wann der Empfänger in seinen E-Mail-Briefkasten schaut. Es ist ja möglich, dass er seine Mails erst am nächsten Tag liest. Praktisch ist natürlich, dass ich jederzeit E-Mails versenden kann, sogar mitten in der Nacht. Das würde den Empfänger nicht stören, denn er könnte die E-Mail ja lesen, wenn er Zeit dafür hat.

d Ich würde einer Person einen Brief schicken, wenn ein besonderer Anlass vorliegt – z. B. der Geburtstag meiner Oma. Denn dann würde die Person merken, dass sie mir wichtig ist. Allerdings würde ich der Person wohl nur dann einen Brief schicken, wenn sie nicht in meiner Nähe wohnt. Ansonsten würde ich lieber zu ihr gehen und ihr persönlich gratulieren. Einen Brief würde ich auch schreiben, wenn ich sicherstellen müsste, dass ich eine Nachricht schwarz auf weiß übermittelt habe, z. B. wenn ich ein Zeitschriftenabonnement kündigen möchte.

e Eine Kurznachricht würde ich senden, wenn ich wüsste, dass die Person, die die Nachricht erhalten soll, zu diesem Zeitpunkt nicht zu Hause ist. Eine SMS würde den Empfänger nämlich überall erreichen, sogar dann, wenn er verreist ist. Allerdings könnte ich ihm nur kurze Mitteilungen senden, denn das Eintippen von allzu vielen Buchstaben ist ziemlich umständlich. Ich würde jemandem also immer dann eine SMS senden, wenn ich ihm schnell eine wichtige Nachricht zukommen lassen möchte und wenn ich wüsste, dass er gerade unterwegs ist.

Kapitel 2: Wie es früher in der Schule zuging

28 **a** der Schulalltag vor ungefähr hundert Jahren
b Es wird darüber berichtet, wie es zu Beginn der Schulpflicht war: Für Bauernkinder war der Schulbesuch weniger hart als die Arbeit auf dem Feld. Die Klassen waren aber sehr voll, und die Lehrer waren sehr streng und durften die Schüler hart bestrafen.

29 **a** Schulbesuch seit Langem Pflicht, selbstverständlich geworden; Lehrer dürfen die Schüler heutzutage nicht mehr schlagen
b einige Schüler stören im Unterricht; einige Lehrer können sich nicht durchsetzen; einige Fächer interessant, andere Fächer langweilig

30 *Mögliche Lösungen:*

- Die Schüler wissen heute, dass ein guter Schulabschluss sehr wichtig für ihre Zukunft ist. Deshalb ist es selbstverständlich geworden, dass man zehn Jahre (oder länger) zur Schule geht.
- Das Verhältnis zwischen Lehrern und Schülern ist heute besser als früher. Die Schüler können sich bei Problemen auch an die Lehrer wenden.
- Die Lehrer werden nicht mehr so respektiert wie früher. Das liegt vielleicht daran, dass körperliche Strafen, z. B. Schläge, heute verboten sind.

31 Erst seit ungefähr hundert Jahren gibt es für alle Kinder die Pflicht, zur Schule zu gehen.

32 [X] Sie verstanden nicht, warum ihre Kinder die Schule besuchen sollten.

33 **a** Die Eltern brauchten **ihre Kinder bei der Arbeit auf dem Feld**.
b Sie dachten, dass ihre Kinder sowieso **Bauern werden würden**.
c Deshalb waren sie der Meinung, dass **der Schulbesuch unnötig war**.

34 **a** *Unterstreiche alle Adjektive, die Zweifel oder Kritik zum Ausdruck bringen:*

<u>ärgerlich</u>, richtig, <u>falsch</u>, interessant, klug, lehrreich, notwendig, <u>nutzlos</u>, <u>problematisch</u>, schlau, <u>überflüssig</u>, <u>unverständlich</u>, vorteilhaft, <u>unsinnig</u>, wunderbar, <u>unwichtig</u>, vernünftig, <u>zweifelhaft</u>, <u>sinnlos</u>

b Die Eltern fanden den Schulbesuch ihrer Kinder **überflüssig**. (*Auch möglich:* nutzlos, unsinnig, sinnlos.)

35 Der Schulbesuch war erholsamer als **die Feldarbeit**.

36
- Körperliche Bestrafung: Schläge mit dem Weidenzweig in die geöffnete Hand
- Demütigung: im Unterricht eine Eselsmütze tragen müssen

37 So erfuhren die Eltern etwas über das Fehlverhalten ihrer Kinder. Da sie der Meinung waren, dass der Lehrer immer recht hatte, bestraften sie das Kind zu Hause noch einmal.

38 Strafen sind zwar nicht schön, aber ohne Strafen geht es wohl wirklich nicht. Nicht alle Schüler passen im Unterricht auf, und wenn das keine Folgen hat, dann könnten andere Schüler durch dieses Verhalten angesteckt werden. Aber es ist gut, dass es heute keine körperlichen Strafen mehr gibt.

39 *Mögliches Beispiel:*
Man darf sich nicht während des Unterrichts mit dem Nachbarn unterhalten. Wenn man das zu oft tut, wird man auf einen anderen Platz gesetzt; manchmal bekommt man einen Einzelplatz.

40
- **a** Das klingt so, als würde die Schule etwas Verbotenes tun, indem sie den Eltern etwas wegnimmt, das ihnen gehört: die Kinder.
- **b** Die Schulen waren sehr klein; deshalb wurden sie „Zwergschulen“ genannt.
- **c** Sie verhielten sich so wie ein Dompteur im Zirkus, der wilde Tiere zähmen muss. Ihre „Peitsche“ war z. B. der Weidenzweig, mit dem sie die Kinder schlugen.
- **d** In der Schule durften die Lehrer die Schüler hart bestrafen, um von ihnen ein gehorsames Verhalten zu erzwingen. Das klingt so, als wären sie in der Schule richtig gequält worden – wie in einer Folterkammer.
- **e** Wenn eine Schule „neuen Wind“ in die Schullandschaft brachte, dann bedeutet das, dass es zu großen Veränderungen kam: Das Alte wurde „weggeblasen“, und es entstand etwas Neues.

41
- **a** Es saßen viel mehr Schüler in einem Klassenraum, manchmal bis zu 200.
- **b** In den Zwergschulen wurden alle Altersklassen zusammen unterrichtet.
- **c** Die Lehrer waren damals schlecht ausgebildet.
- **d** Die Lehrer waren viel strenger; sie durften die Schüler sogar schlagen.
- **e** Die Lehrer wurden respektiert; die Eltern dachten, dass die Lehrer immer recht hatten.

42
- **a** <u>Vor</u> hundert Jahren wurde der Schulbesuch verbindlich.
- **b** Damals wurde die Teilnahme <u>am</u> Unterricht <u>für</u> alle Kinder <u>zur</u> Pflicht.
- **c** Nicht alle Eltern waren <u>mit</u> dem Schulbesuch einverstanden.
- **d** Sie brauchten ihre Kinder nämlich <u>für</u> die Arbeit <u>auf</u> dem Feld.
- **e** Die Lehrer waren auch sehr streng <u>mit</u> den Schülern.
- **f** <u>Bei</u> der Bestrafung der Kinder hatten die Lehrer freie Hand.
- **g** Häufig bekamen die Kinder <u>vom</u> Lehrer Kopfnüsse.
- **h** Manchmal musste ein Kind <u>mit</u> einer Eselsmütze <u>an</u> seinem Platz sitzen.
- **i** Oft gab es auch einen Meldebrief <u>an</u> die Eltern.

43 Singular

Kasus (Fall)	Frage	Maskulinum	Femininum	Neutrum
Nominativ (1. Fall)	wer/was?	**der** Mann	**die** Frau	**das** Kind
Genitiv (2. Fall)	wessen?	**des** Mannes	**der** Frau	**des** Kindes
Dativ (3. Fall)	wem?	**dem** Mann	**der** Frau	**dem** Kind
Akkusativ (4. Fall)	wen/was?	**den** Mann	**die** Frau	**das** Kind

Plural

Kasus (Fall)	Frage	Maskulinum	Femininum	Neutrum
Nominativ (1. Fall)	wer/was?	**die** Männer	**die** Frauen	**die** Kinder
Genitiv (2. Fall)	wessen?	**der** Männer	**der** Frauen	**der** Kinder
Dativ (3. Fall)	wem?	**den** Männern	**den** Frauen	**den** Kindern
Akkusativ (4. Fall)	wen/was?	**die** Männer	**die** Frauen	**die** Kinder

44
- **a** Ich kenne das Mädchen.
  ↓
  Ich kenne **den Jungen**. → Kasus: **Akkusativ**
- **b** Niemand hat das Auto gesehen.
  ↓
  Niemand hat **den Wagen** gesehen. → Kasus: **Akkusativ**
- **c** Das Fahrrad gehört mir.
  ↓
  Der Ball gehört mir. → Kasus: **Nominativ**

d Mein Vater hat [der Nachbarin] Bescheid gesagt.
↓
Mein Vater hat [**dem Nachbarn**] Bescheid gesagt. → Kasus: **Dativ**

e Wer weiß etwas über [das Unglück]?
↓
Wer weiß etwas über [**den Unfall**]? → Kasus: **Akkusativ**

f Kommst du morgen zu [der Feier]?
↓
Kommst du morgen zu [**dem Fest**]? → Kasus: **Dativ**

g Achtung, [das Glas] hat einen Sprung!
↓
Achtung, [**der Becher**] hat einen Sprung! → Kasus: **Nominativ**

45 **a** Der plötzliche Wetterumschwung überraschte [die Fußballfans].
↓
Der plötzliche Wetterumschwung überraschte [**den Fußballfan**].
→ Kasus: **Akkusativ**

b Schon seit einigen Stunden waren [die Straßen] menschenleer.
↓
Schon seit einigen Stunden war~~en~~ [**der Ort**] menschenleer.
→ Kasus: **Nominativ**

c Wegen der Wetteränderung wurden [die Spiele] abgebrochen.
↓
Wegen der Wetteränderung wurde~~n~~ [**der Wettkampf**] abgebrochen.
→ Kasus: **Nominativ**

46 **a** Manch ein Schüler geht nicht gern zur Schule. *Dativ*
b Er würde stattdessen lieber mit einem Freund spielen. *Dativ*
c Aber der Schulbesuch ist für die Schüler verpflichtend. *Akkusativ*
d Niemand darf einfach bei den Eltern bleiben. *Dativ*
e Schulverweigerer müssen mit einer Strafe rechnen. *Dativ*
f Einige werden sogar von der Polizei zum Unterricht gebracht. *Dativ / Dativ*
g Doch die meisten Schüler haben kein Problem mit dem Schulbesuch. *Dativ*
h Sie besuchen die Schule auch ohne den Druck der Polizei. *Akkusativ*

47 a Die Katze klettert auf den Baum.
b Die Katze hockt auf dem Baum.
c Der Ball rollt unter das Auto.
d Der Ball liegt unter dem Auto.

48 a Manchmal zögere ich, wenn ich auf **dem Weg zur Schule** bin.
b Dann fällt mir plötzlich ein, dass ich auf **dem Schreibtisch** ein Buch habe liegen lassen.
c Meist sehe ich dann schon viele Leute an **der Bushaltestelle** stehen.
d Trotzdem überlege ich, ob ich noch einmal in **die Wohnung** zurückkehren soll, um das Buch zu holen.
e Oder soll ich lieber pünktlich in **der Schule** sein?
f Gelegentlich mache ich mich aber doch noch einmal auf **den Rückweg**.
g Wehe, wenn ich mich geirrt habe und mein Buch liegt doch schon in **der Schultasche**!
h Vielleicht sollte ich meine Sachen künftig lieber abends in **die Tasche** packen.

49 a *~~Bei dieses Wetter~~* / *Bei diesem Wetter* solltest du dich warm anziehen.
b Gegen 22 Uhr kamen viele Menschen *~~aus das Kino~~* / *aus dem Kino*.
c *~~Ohne meinem Freund~~* / *Ohne meinen Freund* bleibe ich nicht hier.
d Die Jugendlichen gehen *~~zu eine Party~~* / *zu einer Party*.
e *Außer einem Schüler* / *~~Außer einen Schüler~~* hatten alle die Hausaufgaben vergessen.
f *~~Trotz dem hohen Preis~~* / *Trotz des hohen Preises* wollen wir das Auto kaufen.
g Der Postbote hat ein Päckchen *~~für dem Nachbarn~~* / *für den Nachbarn*.
h Der Lehrer will *mit den Schülern* / *~~mit die Schüler~~* auf Klassenfahrt gehen.
i Man hat *von dem Vorfall* / *~~von den Vorfall~~* gehört.
j Die meisten Schüler waren *~~gegen dem Vorschlag~~* / *gegen den Vorschlag*.
k Die Fans stürmten *~~durch der Tür~~* / *durch die Tür*.

50 *Mögliche Lösungen:*
a Ich mag **meinen Hund**.
b Ich helfe manchmal **meiner Nachbarin**.
c Ich kaufe ziemlich oft **eine Zeitschrift.**
d Ich treffe nachmittags häufig **einen Freund**.
e Ich begegne nur selten **meinem Lehrer**.
f Ich danke **dem Helfer**.

51

a Am Schuljahresanfang bestimmen die Schüler **einen Klassensprecher**.
Akkusativ

b Der Klassensprecher informiert **den Lehrer** über die Interessen der Schüler.
Akkusativ

c Manchmal hilft er **dem Klassenleiter** auch beim Organisieren von Festen.
Dativ

d Nicht immer aber wählen die Schüler **einen Kandidaten**, der für das Amt besonders geeignet ist.
Akkusativ

e Manchmal vertrauen sie **einem Mitschüler** nur deshalb, weil er „cool" ist.
Dativ

f Aber ein guter Klassensprecher unterstützt **die Zusammenarbeit** zwischen dem Lehrer und der Klasse.
Akkusativ

g Ein aufmerksamer Lehrer berät **die Klasse** bei der Klassensprecherwahl.
Akkusativ

h Dann finden die Schüler leichter **einen geeigneten Vertreter**.
Akkusativ

52

a Vor gut hundert Jahren wurde das Lernen in der Schule für alle zur Pflicht.

b Das Komische war, dass sich die Bauern dagegen wehrten.

c Sie brauchten ihre Söhne und Töchter für das Arbeiten auf dem Feld.

d Für einige Kinder war das Sitzen auf den Schulbänken eine bequeme Angelegenheit.

e Es ähnelte ein bisschen dem Faulenzen.

f Aber die Schüler mussten sich immer gut benehmen, denn die Lehrer hatten die Erlaubnis zum Strafen.

g Das Normale waren Schläge mit dem Weidenzweig.

h Das tat aber höllisch weh, denn das Nachfedern verstärkte den Schmerz.

i Heute sind solche Strafen verboten; auch das Demütigen kommt kaum noch vor.

53 *Mögliche Sätze:*

a Hast du **alles Wichtige** in den Koffer gepackt?

b Auf dem Trödelmarkt kann man **viel Billiges** erwerben.

c Das ist nicht der Rede wert, das ist doch **nichts Besonderes**.

d Wir könnten mal wieder **etwas Leckeres** kochen.

e Auf der Versammlung haben wir **einiges Nützliche** erfahren.

54 Im Unterricht können einige **vorlaute** Schüler den Ton angeben. Manchmal stecken sie die **anderen** Schüler damit an. Beispielsweise schreiben sie einen Brief an ihren **besten** Freund oder sie blättern in der **neuesten** Computerzeitschrift. Es ist sogar schon vorgekommen, dass sie einem **befreundeten** Schüler aus der Nachbarklasse eine SMS geschickt haben. Die **beiden** Freunde vereinbarten dann per Handy, im Unterricht so lange Unsinn zu machen, bis der **erboste** Lehrer sie schließlich vor die Tür schickte. Dann trafen sich die **raffinierten** Schüler im Flur – und dort konnten sie ungestört miteinander reden.

55 *Mögliche Lösung:*

Ort, Datum

Lieber David,

seit einiger Zeit merke ich, dass du immer öfter in der Schule fehlst. Irgendwie habe ich den Verdacht, dass du gar nicht wirklich krank bist. Um ehrlich zu sein: Ich habe das von einem Jungen gehört, der in deiner Nachbarschaft wohnt. Er sagt, dass er dich gestern Nachmittag im Einkaufszentrum gesehen hat – und dass du ganz fröhlich irgendwelche Computerspiele ausprobiert hast. Am Vormittag hattest du aber in der Schule gefehlt.

Ich finde es schlecht, wenn du anfängst zu schwänzen. Was versprichst du dir davon? Ist es besser, in irgendwelchen Kaufhäusern herumzulungern, statt am Unterricht teilzunehmen? Und was sagen eigentlich deine Eltern dazu? Wissen die überhaupt, dass du manchmal einfach nicht zur Schule gehst?

Wenn du häufig fehlst, kommst du im Unterricht doch gar nicht mehr mit. Dann wird es für dich erst recht langweilig in der Schule. Irgendwann schreiben wir auch die nächste Arbeit. Dann kannst du sicher sein, dass du eine schlechte Note bekommst. Und was ist am Ende des Schuljahres, wenn es Zeugnisse gibt? Vielleicht bleibst du sogar sitzen! Dein Schulabschluss ist also auch gefährdet.

Sei vernünftig und hör mit dem Schwänzen auf! Wenn du willst, können wir ja eine Zeit lang zusammen die Hausaufgaben machen. Ich helfe dir auch, wieder den Anschluss zu finden.

Ich hoffe also, wir sehen uns ab sofort wieder regelmäßig in der Schule! Bis dann!

Herzliche Grüße
Dein Simon

(228 Wörter)

Kapitel 3: Eine schöne Geschichte

56
- Der erste Ich-Erzähler heißt **Bernhard Drechsler**.
- Der zweite Ich-Erzähler heißt **Günther Bärlin**.

57
a Bernhard Drechsler
b Bernhard Drechsler, Günther Bärlin

58 „Du musst es sagen, dachte ich, jetzt musst du es sagen. Du musst!“ (Z. 66)

59

Z. 1–4:	Ankündigung einer gelesenen Geschichte (unwahr, ärgerlich)
Z. 5–41:	Wiedergabe der gelesenen Geschichte
Z. 42–44:	Ankündigung einer eigenen Geschichte
Z. 45–87:	Erzählen einer erlebten Geschichte (wahr, auch ärgerlich)

60
a
Arkan — Bernhard Drechsler
Hans Endrainer — Eberhard und Heinz
Harald Bühler — Robert
Herr Kleiner — Herr Burger

b
- **Bernhard Drechsler** ist so ähnlich wie Arkan. Das merkt man daran, dass beide **Mut zeigen und den schwachen Schüler gegen seine Peiniger verteidigen**.
- **Hans Endrainer** ist so ähnlich wie Eberhard und Heinz. Das merkt man daran, dass sie **Schwächere quälen**.
- **Herr Kleiner** ist so ähnlich wie Herr Burger. Das merkt man daran, dass beide **Lehrer sind**.
- **Harald Bühler** ist so ähnlich wie Robert. Das merkt man daran, dass beide **die Schwachen sind, die gequält werden**.

61
a Das „Schöne“ an der Geschichte ist, dass es einem mutigen Schüler gelingt, sich gegen einen Peiniger in der Klasse zur Wehr zu setzen und dass die Mitschüler ihn dabei unterstützen. Deshalb hat er Erfolg.
b Er wollte sich den mutigen Schüler aus der Geschichte zum Vorbild nehmen und sich ebenfalls gegen einen Peiniger zur Wehr setzen.
c Er hat es zwar geschafft, Mut zu zeigen, aber er ist von seinen Klassenkameraden nicht unterstützt worden. Deshalb hat er keinen Erfolg.

62 Die Mitschüler, deren Namen nicht genannt werden, sind …

☒ sehr wichtig.

Begründung: Wenn sie den Erzähler unterstützt hätten, dann wäre es ihm auch gelungen, sich gegen die Peiniger in der Klasse zur Wehr zu setzen.

63 **a** Die Mitschüler …

☒ sind gleichgültig.

b „Ich sah, wie die anderen aus dem Zimmer gingen, zum Fenster hinausschauten oder sonst etwas taten.“ (Z. 85 f.)

64 Sie halten den Peiniger fest, als sich dieser an dem mutigen Schüler rächen will.

65 Der Erzähler hat eingesehen, dass er sich nicht gegen einen Peiniger in der Klasse zur Wehr setzen kann, wenn er von den Mitschülern keine Unterstützung bekommt.

66

a	traurig	**b**	unbestechlich
c	schwach	**d**	unnötig
e	unsportlich	**f**	feige
g	laut	**h**	unaufmerksam
i	langsam	**j**	dunkel
k	ungeduldig	**l**	hart
m	satt	**n**	erfolglos

67
- **a** Eines Tages kam Hans Endrainer mit einem Blasrohr in die Schule.
- **b** Er wollte das Blasrohr gleich in der ersten Stunde ausprobieren.
- **c** Plötzlich schoss Hans dem Lehrer ein Papierkügelchen an den Hinterkopf.
- **d** Herr Kleiner drehte sich wütend um.
- **e** Er wollte den Täter ermitteln.
- **f** Aber niemand meldete sich.
- **g** Am Ende sagte ein türkischer Schüler mutig die Wahrheit.
- **h** Da musste Hans eine saftige Strafarbeit erledigen.
- **i** Dafür wollte er sich an Arkan rächen.
- **j** Doch das ließen die Klassenkameraden nicht zu.
- **k** Sie verteidigten ihren mutigen Mitschüler.
- **l** Jetzt hat Hans in der Klasse nichts mehr zu sagen.
- **m** Nun herrscht dort Ruhe.

68
- **a** Eines Tages kam Eberhard mit einem Luftballon in die Schule. *Dativ*
- **b** Er band den Luftballon mit einem Bindfaden am Wasserhahn fest. *Akkusativ / Dativ*
- **c** Danach drehte er den Wasserhahn ein wenig auf. *Akkusativ*
- **d** Plötzlich platzte der Ballon, und das Wasser spritzte den Lehrer nass. *Akkusativ*
- **e** Herr Burger fragte die Klasse nach dem Schuldigen. *Akkusativ / Dativ*
- **f** Aber kein Mitschüler nannte den Namen des Übeltäters. *Akkusativ*
- **g** Am Ende wollte Bernhard dem Lehrer die Wahrheit sagen. *Dativ / Akkusativ*
- **h** Doch in der Pause bedrängten Eberhard und Heinz ihn. *Akkusativ*

69 *Mögliche Lösungen:*
- **a** Der Polizist sieht einen Taschendieb.
- **b** Du kaufst Äpfel.
- **c** Die Kinder helfen der alten Dame.
- **d** Ein Kunde betritt den Laden.
- **e** Der Lehrer ermahnt die Klasse.
- **f** Du schenkst deiner Mutter Blumen.
- **g** Die Fahrgäste lesen die Zeitung.

70
- **ab-:** abfallen, abgehen, abkaufen, abraten, abstellen, abteilen
- **an-:** anfallen, angehen, ankaufen, anraten, anstellen, antäuschen
- **auf-:** auffallen, aufgehen, aufkaufen, aufstellen, aufteilen
- **be-:** befallen, begehen, beraten, bestellen
- **ein-:** einfallen, eingehen, einkaufen, einschlafen, einstellen, einteilen
- **ent-:** entfallen, entgehen (jemandem entgeht etwas), entschlafen, entstellen (hässlich machen), enttäuschen
- **er-:** ergehen (jemandem ergeht es schlecht), erkaufen, erraten, erstellen, erteilen
- **hin-:** hinfallen, hingehen, hinstellen
- **miss-:** missfallen, missraten
- **mit-:** mitgehen, mitraten, mitteilen
- **ver-:** verfallen, vergehen, verkaufen, verraten, verschlafen, verstellen, verteilen
- **vor-:** vorfallen, vorgehen, vorschlafen, vorstellen, vortäuschen
- **zer-:** zerfallen, zergehen (auf der Zunge), zerteilen

71
- **a** Abfahrt
- **b** entdecken
- **c** gestehen
- **d** Ausbildung
- **e** befehlen
- **f** einstecken
- **g** Angebot
- **h** abwaschen
- **i** Beispiel
- **j** unheimlich
- **k** Unfall
- **l** Verlust
- **m** Eingang
- **n** zerstören

72
- **a** Neulich gab es in der Schule mal wieder *~~ärger~~/Ärger*.
  Neulich gab es in der Schule mal wieder viel Ärger.
- **b** Eberhard und Heinz füllten einen Luftballon mit *~~wasser~~/Wasser*.
  Eberhard und Heinz füllten einen Luftballon mit viel Wasser.
- **c** Plötzlich platzte der Luftballon, und der Lehrer wurde *nass/~~Nass~~*.
  Erweiterungsprobe ist nicht möglich.
- **d** Der Lehrer war darüber *empört/~~Empört~~*.
  Erweiterungsprobe ist nicht möglich.
- **e** Er gab den Schülern bis zum Stundenende *~~zeit~~/Zeit*, den Täter zu nennen.
  Er gab den Schülern bis zum Stundenende etwas Zeit …
- **f** Bernhard hatte *~~mut~~/Mut*.
  Bernhard hatte viel Mut.
- **g** Er *verriet/~~Verriet~~* dem Lehrer, wer ihm diesen Streich gespielt hatte.
  Erweiterungsprobe ist nicht möglich.
- **h** Doch Eberhard und Heinz ließen sich das nicht *gefallen/~~Gefallen~~*.
  Erweiterungsprobe ist nicht möglich.
- **i** Sie gingen auf Bernhard zu und *bedrohten/~~Bedrohten~~* ihn.
  Erweiterungsprobe ist nicht möglich.

73
- **a** **v**erstehen
- **b** **v**erstecken
- **c** **F**ernseher
- **d** **F**ertighaus
- **e** **V**erlust
- **f** **F**ertigkeit
- **g** **V**orfahrt
- **h** **V**orbild
- **i** **v**orbereiten
- **j** **F**orderung
- **k** **F**ortsetzung
- **l** **V**orfreude

74
- **a** **End**spiel
- **b** **ent**lasten
- **c** **ent**stehen
- **d** **ent**scheiden
- **e** **Ent**lassung
- **f** **Ent**deckung
- **g** **end**lich
- **h** **End**ergebnis
- **i** **End**betrag

75 **a** *Mögliche Nomen:*

-heit	Freiheit, Gleichheit, Unverschämtheit
-keit	Notwendigkeit, Möglichkeit, Dankbarkeit
-nis	Verständnis, Zeugnis, Ereignis
-ung	Meinung, Ablehnung, Belohnung
-schaft	Bekanntschaft, Herrschaft, Feindschaft
-ling	Wüstling, Fremdling, Rohling
-ion	Nation, Ration, Station
-mus	Fanatismus, Terrorismus, Perfektionismus
-tum	Eigentum, Reichtum, Wachstum

b *Mögliche Adjektive:*

-lich	peinlich, ängstlich, männlich
-ig	lustig, fähig, nötig
-isch	künstlerisch, rechthaberisch, biologisch
-bar	essbar, waschbar, bezahlbar
-los	mutlos, kraftlos, gedankenlos
-haft	schmerzhaft, lebhaft, sündhaft
-sam	strebsam, mühsam, einsam

76 *Du könntest die Geschichte so zu einem guten Ende bringen:*

Aber so leicht wollte ich mich doch nicht geschlagen geben. Es durfte einfach nicht sein, dass Eberhard und Heinz mit ihren Gemeinheiten immer weitermachen konnten. Es musste doch möglich sein, etwas gegen sie zu unternehmen! Aber was?

Klar war: Irgendwie musste ich die Mitschüler wachrütteln! Als die beiden mich endlich in Ruhe ließen und den Klassenraum verlassen hatten, fasste ich mir ein Herz und ging zu einigen Klassenkameraden, die auf dem Schulhof zusammenstanden. Ich stellte mich einfach zu ihnen und sprach sie an: „Sagt mal, findet ihr das etwa in Ordnung, was Eberhard und Heinz da machen?"

Zuerst schauten sie mich nur ratlos an. Aber dann kriegte ich plötzlich Unterstützung von Maik: „Bernhard hat recht. So kann es nicht weitergehen!" „Aber was können wir tun?", fragte Rudi.

Da erzählte ich ihnen meine „schöne Geschichte". „Meint ihr nicht, wir schaffen das auch?", fragte ich anschließend. „Können wir nicht einfach zusammenhalten?"

Auf einmal ging es doch: Als Eberhard und Heinz mich nach der Schule anrempeln wollten, standen auf einmal zehn Leute um uns herum: Maik und Rudi und noch ein paar andere. Sie verschränkten die Arme und standen da wie eine Mauer. Dann sagte Maik drohend: „Lasst gefälligst Bernhard in Ruhe!" Und Rudi ging einen Schritt zur Seite, deutete auf die Lücke und forderte Eberhard und Heinz auf, zu verschwinden. Das half. Die beiden verschwanden kleinlaut, natürlich nicht, ohne dämlich zu grinsen.

Fortan ließen sie Harald und uns in Ruhe. Die Geschichte von Arkan ist also doch schön! *(245 Wörter)*

Kapitel 4: Die Vögel warten im Winter vor dem Fenster

77 „Ich bin der Sperling.
Kinder, ich bin am Ende. (a)
Und ich rief euch immer im vergangnen Jahr, (b)
Wenn der Rabe wieder im Salatbeet war. (b)
Bitte um eine kleine Spende.“ (a)
„Sperling, komm nach vorn. (c)
Sperling, hier ist dein Korn. (c)
Und besten Dank für die Arbeit!“

„Ich bin der Buntspecht.
Kinder, ich bin am Ende. (a)
Und ich hämmere die ganze Sommerzeit (d)
All das Ungeziefer schaffe ich beiseit. (d)
Bitte um eine kleine Spende.“ (a)
„Buntspecht, komm nach vurn. (e)
Buntspecht, hier ist dein Wurm. (e)
Und besten Dank für die Arbeit!“

„Ich bin die Amsel.
Kinder, ich bin am Ende. (a)
Und ich war es, die den ganzen Sommer lang (f)
Früh im Dämmergrau in Nachbars Garten sang. (f)
Bitte um eine kleine Spende.“ (a)
„Amsel, komm nach vorn. (c)
Amsel, hier ist dein Korn. (c)
Und besten Dank für die Arbeit!“

Zur Bedeutung der Unterstreichungen siehe Lösung zu Aufgabe 82; zur Kennzeichnung der Anführungszeichen siehe Lösung zu Aufgabe 96.

78 umarmender Reim: V. 2–5, 10–13, 18–21
Paarreim: V. 6/7, 14/15, 22/23

79
- beiseit (V. 12)
- vurn (V. 14)

80
a der Sperling
b der Buntspecht
c die Amsel

81 ☒ 4 Sprecher

82 siehe Unterstreichungen in der Lösung zu Aufgabe 77:
Sperling, Buntspecht, Amsel, Menschen

83 Die Vögel bitten um Nahrung/etwas zu fressen.

84

	Strophe 1	Strophe 2	Strophe 3
Vogel	Sperling	Buntspecht	Amsel
„Spende“	Korn	Wurm	Korn

85
- a Der Sperling hat immer **gerufen**, wenn **der Rabe im Salatbeet war**.
- b Der Buntspecht hat im Sommer immer **die Bäume vom Ungeziefer befreit**.
- c Die Amsel hat im Sommer immer **früh morgens gesungen**.

86 Der Sprecher sieht alles, was die Vögel getan haben, als Arbeit an und ist für alle „Arbeiten“ gleich dankbar.

87 Den Sperling (oben) musst du braun-schwarz angemalt haben, mit einem helleren Bauch, den Buntspecht (Mitte) schwarz und weiß, mit einem roten Fleck am Genick und am unteren Bauch, und die Amsel (unten) schwarz, mit einem gelben Schnabel.

88
- Präteritum: Sperling, Amsel
- Präsens: Buntspecht

89 ☒ Der Vogel drückt damit aus, dass er diese „Arbeit“ **regelmäßig** leistet.

90

			regelmäßig	unregelmäßig
a	sehen	→ Sieh!	☐	☒
b	helfen	→ Hilf!	☐	☒
c	legen	→ Leg(e)!	☒	☐
d	vergessen	→ Vergiss!	☐	☒
e	nehmen	→ Nimm!	☐	☒
f	denken	→ Denk(e)!	☒	☐

g	essen	→ Iss!	☐	☒
h	nennen	→ Nenn(e)!	☒	☐
i	stellen	→ Stell(e)!	☒	☐
j	treten	→ Tritt!	☐	☒
k	werfen	→ Wirf!	☐	☒

91
- a Lass(e) den Unsinn!
- b Hilf mir beim Einsammeln der Blätter!
- c Ärgere nicht immer deinen kleinen Bruder!
- d Besucht uns mal!
- e Vertragt euch endlich wieder!
- f Rufen Sie meine Mutter an!
- g Verstehen Sie mich bitte!

92

	Gemeinsamkeiten
Spende für Vögel, Spende für Organisation	als Hilfe gedacht, keine Gegenleistung erwartet
Arbeit von Menschen, Arbeit der Vögel	Leistung, für die es einen Lohn gibt
Hämmern eines Handwerkers, Hämmern eines Buntspechts	laut, regelmäßig

93
- a Das war zu viel; das hättest du nicht tun dürfen.
- b Sie verschwieg nichts.
- c Willst du dich über mich lustig machen?
- d Er war mal wieder faul.
- e Sie sagt alles, was sie denkt.
- f Es ist mir ganz wichtig (dringend), das zu sagen.
- g Die beiden sind verfeindet.

94 ☒ Die Worte werden hervorgehoben.

95
- a Im Winter kann es sehr kalt werden.
- b Dann finden die Vögel nicht mehr genug Nahrung.
- c Sollen wir ihnen etwas zu fressen geben?
- d Vielleicht können wir auch ein Vogelhäuschen bauen? (Oder: .)
- e Dort ist das Vogelfutter vor Schnee und Regen geschützt.
- f Ja, lass uns ein Vogelhäuschen bauen!
- g In der kalten Jahreszeit sollten wir etwas für die Vögel tun. (Oder: !)
- h Schließlich erfreuen sie uns im Sommer durch ihren Gesang.

96 siehe Anführungszeichen in der Lösung zu Aufgabe 77

97 *Mögliche Sätze:*

a **Typ 1**
- Meine Mutter sagt manchmal: „Heute komme ich später."
- Oft fragt sie mich: „Wie war es in der Schule?"
- Mein Vater ruft: „Der Kühlschrank ist leer!"

b **Typ 2**
- „Die Woche ist ja auch schon bald um", sagt meine Mutter.
- „Wollen wir nicht noch einkaufen gehen?", fragt mein Vater.
- „Ich komme mit!", rufe ich.

c **Typ 3**
- „Es ist warm", sage ich, „und ich möchte Eis essen."
- „Glaubst du", fragt meine Mutter, „dass das gut für dich ist?"
- „Keine Sorge", ruft mein Vater, „ein Eis schadet bestimmt nicht!"

98 Es war ein kalter Winter, und der Boden war stark vereist. Da hockten die Amseln vor dem Fenster und riefen: „Wir finden gar nichts mehr zu fressen!" Sie erinnerten die Menschen daran, dass sie ihnen im Sommer immer viel Freude bereitet hatten. „Wisst ihr nicht mehr, wie schön wir für euch gesungen haben?", fragten sie. Und sie baten: „Könnt ihr uns nicht ein bisschen Futter geben?" Als die Menschen sahen, wie die Amseln vergeblich im Schnee nach Futter suchten, dachten sie: „Wir müssen den Vögeln etwas zu fressen geben." Sie holten Sonnenblumenkerne und streuten sie auf den Boden. Nun kamen von überall her die Vögel und pickten die Kerne auf. „Danke für die Spende!", riefen sie. Die Menschen freuten sich darüber, dass sie vom Fenster aus beobachten konnten, wie die Vögel fraßen. „Im nächsten Jahr bauen wir ein Vogelhäuschen", dachten sie.

99 *Mögliche Lösung:*

An: Kumpel.Mario@t-online.de
Betreff: Projekt Kinderhilfswerk

Lieber Mario,

was hältst du davon, wenn wir zur Weihnachtszeit in der Schule einen Weihnachtsbasar organisieren? Das Geld, das wir dabei einnehmen, könnten wir dem Kinderhilfswerk spenden. Es gibt doch so viele arme Kinder in der Welt, die Hilfe brauchen! Ich habe mir schon mal überlegt, wie wir dabei vorgehen könnten. Meine Idee findest du im Anhang.

Gruß Manuel

Anlage:

Projekt Weihnachtsbasar zur Unterstützung Not leidender Kinder

Alle Klassensprecher unserer Schule werden spätestens nach den Herbstferien über das Projekt informiert. Sie sagen in ihren Klassen Bescheid, wie das Projekt ablaufen soll.

Im November basteln alle Schülerinnen und Schüler zu Hause Weihnachtsschmuck. Das kann auch in Gruppen geschehen. Dann müssten die Eltern eines Schülers damit einverstanden sein, dass an einigen Nachmittagen bei ihnen zu Hause gebastelt wird. Den fertigen Weihnachtsschmuck geben die Schüler beim Hausmeister ab.

Ende November bekommen die Eltern und Freunde der Schule eine schriftliche Einladung zum Weihnachtsbasar. Einige Schüler fertigen zusätzlich Plakate an, die in einigen Läden im Umfeld der Schule ausgehängt werden.

Am ersten Samstag im Dezember findet der Weihnachtsbasar statt, und zwar in der großen Eingangshalle unserer Schule. Die genauen Uhrzeiten werden noch festgelegt. Jede Klasse übernimmt einen Stand. Welche Schüler zu welchen Zeiten den Verkauf übernehmen, wird vorher geregelt.

Jede Klasse liefert das Geld, das sie eingenommen hat, beim Klassenlehrer oder der Klassenlehrerin ab, und die Lehrer geben die Einnahmen an den Schulleiter weiter. Der Schulleiter überweist das Geld ans Kinderhilfswerk.

(176 Wörter)

Kapitel 5: Papa, was ist Rassismus?

100 *Mögliche Lösungen:*

a
- TOCHTER **(erschrocken)**: Wenn es alle betrifft, dann ist ja jeder ein Rassist!
- TOCHTER **(empört)**: So ein Quatsch!

b
- VATER **(bestimmt)**: Niemand wird als Rassist geboren.
- VATER **(ruhig)**: Aber wenn man weiß, wie es zu Rassismus kommt, kann man auch etwas dagegen tun.

101 *Du könntest diese Textstellen unterstrichen haben:*

- „Dieses rassistische Verhalten besteht darin, anderen Menschen zu misstrauen, sie zu verachten und ungerecht zu behandeln, und zwar nicht, weil sie uns etwas Schlimmes angetan hätten, sondern einzig und allein, weil sie anders aussehen oder aus einer anderen Kultur stammen als wir." (Z. 4–8)
- „Nur weil ein Verhalten weitverbreitet ist, ist es noch lange nicht normal und richtig." (Z. 10 f.)
- „Nein, nur weil du einem Fremden misstraust, bist du noch kein Rassist." (Z. 15)
- „Dein anfängliches Misstrauen ist ganz natürlich, denn du weißt ja noch nichts über die Absichten des anderen, vielleicht will er dich bestehlen oder zusammenschlagen, da bist du besser vorsichtig." (Z. 16 ff.)

102 „Jeder von uns kann einen schlechten Tag haben." (Z. 34)

103 Rassismus ist ein **weitverbreitetes Verhalten**. (Z. 2)

104
a Statt mit Vertrauen begegnet er ihm mit **Misstrauen**.
b Statt mit Achtung begegnet er ihm mit **Verachtung**.
c Statt ihn gerecht zu behandeln, behandelt er ihn **ungerecht**.

105 *Du könntest diese Adjektive ergänzt haben:*
Diese Verhaltensweisen finde ich **schlecht, unverständlich, falsch, respektlos, dumm, ärgerlich**.

106 Mit einem Fremden ist ein Mensch gemeint, …

☒ den man noch nicht kennt.

107 Wenn man einen fremden Menschen noch nicht kennt, weiß man nicht, was er vorhat. Deshalb ist es natürlich, wenn man erst einmal misstrauisch ist.

108 **a** Ein Rassist glaubt, dass er selbst *mehr/~~weniger~~* wert ist als ein Fremder.
b Er meint deshalb, dass ein Fremder *~~besser~~/schlechter* behandelt werden sollte als er selbst.

109 Schuld sind fremdenfeindliche Menschen, die Einfluss auf Kinder haben und ihre Einstellung an die Kinder weitergeben. Das können z. B. die Eltern sein.

110
- die Körpergröße
- die Hautfarbe
- die Gesichtszüge

111 *Mögliche Lösungen:*
- Es kann sein, dass er andere Bräuche hat.
- Es kann sein, dass er andere Essgewohnheiten hat.
- Es kann sein, dass er eine andere Religion hat.
- Es kann sein, dass er eine andere Sprache spricht.
- Es kann sein, dass er anders feiert.

112 Es kann sein, dass er gern in asiatischen Restaurants isst. Aber er lehnt es trotzdem ab, ein Zimmer an einen ausländischen Studenten zu vermieten.

113
- Er empfindet gegenüber Fremden Verachtung.
- Trotzdem hat er Angst vor ihnen.

114 Ein Rassist denkt, dass er anderen unterlegen ist.

115 „Fremdenfeindliche Menschen sind unsichere Menschen, die Bestätigung brauchen." (Z. 56 f.)

116 Bild **c**

117 Vater und Tochter haben eine vertrauensvolle Beziehung zueinander. Die Tochter kann mit Fragen, die sie beschäftigen, zu ihrem Vater gehen, und der Vater nimmt sich die Zeit, ihre Fragen in Ruhe und mit Geduld zu beantworten.

118 a Rassisten wollen nichts mit Fremden zu tun haben, **denn** sie haben Angst vor ihnen.
b Rassisten fühlen sich Fremden gegenüber minderwertig, **oder** sie sehen sich als etwas Besseres an.
c Manche Eltern haben eine fremdenfeindliche Einstellung, **und** dann übernehmen ihre Kinder diese Fremdenfeindlichkeit.
d Ein Rassist kann mit Vorliebe in asiatischen Restaurants essen, **aber** er will einem ausländischen Studenten kein Zimmer vermieten.

119 a In letzter Zeit waren viele Lehrer unzufrieden mit ihren Klassen, **weil/da** einige Schüler die Mitarbeit im Unterricht **verweigerten**.
b Die Schüler bemühten sich nicht mehr um gute Noten, **obwohl/obgleich** das Ende der Schulzeit **nahte**.
c Die Lehrer verteilten Strafarbeiten, **als/nachdem/seit** sie ein paarmal mit Papierkügelchen beworfen worden **waren**.
d Die Schüler sollten sich wieder mehr Mühe geben, **wenn/falls/sofern** sie einen Ausbildungsplatz bekommen **wollen**.

120 a Wenn deutsche und ausländische Kinder schon gemeinsam den Kindergarten besuchen, lernen sie sich frühzeitig kennen.
b Die deutschen Kinder werden dann gar nicht erst fremdenfeindlich, weil sie ausländische Kinder zu Freunden haben.
c Und die ausländischen Kinder ziehen sich nicht zurück, da sie genügend Kontakt zu deutschen Kindern haben.
d Für die deutschen Kinder ist es eine Bereicherung, wenn sie Erfahrungen mit anderen Kulturen machen können.
e Für die ausländischen Schüler ist das auch ein Vorteil, weil sie dann von Anfang an Deutsch lernen.
f Weil sie dem Unterricht von Beginn an gut folgen können, haben sie folglich keine Probleme mit dem Lernen.

121

Wörter mit ä	wegen
lästig	(die) Last, belasten
verständlich	(der) Verstand, verstanden
Länge	lang, langsam
Rätsel	raten, (der) Rat

Stärke	stark, erstarken
kläglich	(die) Klage, klagen
gefährlich	(die) Gefahr, fahren
Händler	(der) Handel, handeln

Wörter mit b	wegen
belebt	(das) Leben, erleben
Lob	loben, (die) Verlobung
Staubwolke	staubig, einstauben
Grab	graben, (der) Graben
gefärbt	Farbe, farbig
Betrieb	betreiben, (der) Betreiber
Schubkarre	schieben, (die) Schiebung

122 **a** *Mögliche Stichworte:*

	Mutter	Tochter
Wo sie sind:	in der Küche	in der Küche
Alter:	ca. 35 Jahre	12 Jahre
Was sie denken:	misstrauisch gegenüber Ausländern, vor allem gegenüber Moslems; kennt ihre Bräuche nicht; weiß nur, dass sie kein Schweinefleisch essen	findet neue Mitschülerin nett; findet es nicht schlimm, wenn jemand kein Schweinefleisch isst; sieht in Leyla eine ganz normale Mitschülerin
Wie sie sich fühlen:	ist verunsichert; will nicht als fremdenfeindlich angesehen werden; weiß nicht, was sie ihrer Tochter sagen soll	merkt, dass ihre Mutter unsicher ist; ärgert sich darüber, dass ihre Mutter misstrauisch ist
Was sie wollen:	möchte erst einmal die Eltern kennenlernen; will keine schlechte Stimmung verbreiten	will engeren Kontakt mit Leyla; will ihre Mutter beruhigen

b *Möglicher Dialog:*

MUTTER: Na, wie war's heute in der Schule?

NICOLE: Wie immer. Nichts Besonderes. Ach, doch: Wir haben eine neue Mitschülerin. Das hab' ich dir noch gar nicht erzählt.

MUTTER: Wo kommt sie denn her?

NICOLE: Aus Hannover. Ihre Eltern sind umgezogen. Deshalb ist sie jetzt bei uns in der Schule.

MUTTER *(interessiert)*: Und wie heißt sie?

NICOLE: Leyla.

MUTTER: Hübscher Name. Ist das eine Ausländerin?

NICOLE: Ja, sie kommt aus dem Libanon. Sie ist richtig nett. Ich kann mich total gut mit ihr unterhalten. Darf ich sie mal einladen?

MUTTER *(zurückhaltend)*: Du solltest sie vielleicht erst mal etwas besser kennenlernen.

NICOLE: Wir haben doch schon miteinander geredet. Aber in der Schule hat man nicht genug Zeit. Die Pausen sind so kurz. – Also, darf ich – oder darf ich nicht?

MUTTER *(vorsichtig)*: Ich habe ja nichts dagegen, aber …

NICOLE *(ungeduldig)*: Aber was …?

MUTTER *(unsicher)*: Wenn das eine Araberin ist, weiß ich ja gar nicht, was sie darf und was nicht. Arabische Mädchen sollen ja so streng erzogen sein …

NICOLE: So ein Unsinn! Leyla ist überhaupt nicht anders als wir.

MUTTER *(zögerlich)*: Und was kann man ihr zu essen anbieten? Die essen doch kein Schweinefleisch.

NICOLE: Na und? Das ist doch nicht wichtig. Außerdem wollte ich sie gar nicht zum Mittagessen einladen.

MUTTER: Vielleicht sollte ich erst mal die Eltern kennenlernen …

NICOLE *(ärgerlich)*: Oh, Mama! Was soll denn dieses Misstrauen?

MUTTER *(einlenkend)*: Na gut, dann lade diese Leyla ein. Am besten für Samstagnachmittag.

NICOLE: Weil du dann zu Hause bist, nicht? Meine Güte, bist du neugierig!

MUTTER: Ich dachte, dann habe ich ein bisschen Zeit und backe euch einen Kuchen.

NICOLE: Na gut, also Samstag. Aber lass uns in Ruhe. Komm nicht dauernd rein und frag, ob wir noch was wollen! Okay?

MUTTER: Mach dir keine Sorgen.

NICOLE: Danke!

(268 Wörter ohne Namen der Sprecher und Regieanweisungen)

Kapitel 6: Der Wolf

123 a **Wolf und Lamm**

	stark/schlau	schwach/dumm
Wolf	☒	☐
Lamm	☐	☒

b **Wolf und Reiher**

	stark/schlau	schwach/dumm
Wolf	☒	☐
Reiher	☐	☒

c **Wolf und Hund**

	stark/schlau	schwach/dumm
Wolf	?	☐
Hund	☐	?

124 Ich finde, die Wölfe in den drei Fabeln sind …

☒ ein wenig unterschiedlich.

Begründung: Der Wolf in der ersten Fabel ist **hungrig, gefräßig** und zugleich **rechthaberisch**. Er möchte **sich im Recht fühlen**, wenn er das Lamm frisst.
Der Wolf in der zweiten Fabel befindet sich in einer **Notlage**, nachdem er das Fleisch eines Tieres gefressen hat. Um sich daraus zu befreien, macht er **Versprechungen**, die er aber hinterher **nicht einhält**. Er ist also **unehrlich und hinterhältig**.
Der Wolf in der dritten Fabel **beneidet** zunächst den Hund, weil der immer **gut zu fressen bekommt**. Als er aber hört, dass der Hund durch ein Halsband von seinem Herrn wie ein Gefangener gehalten wird, ist ihm seine **Freiheit wichtiger als gutes Futter**.

125 a Ein Bösewicht findet immer einen Grund, Schlechtes zu tun; deshalb sollte man sich vor schlechten Menschen in Acht nehmen.
b Man sollte einem Bösewicht kein Vertrauen schenken.
c Freiheit ist mehr wert als ein angenehmes Leben.

126 ☒ Ja, er hat von Anfang an die Absicht.

Begründung: Für ihn ist das Lamm eine Mahlzeit, die ihm seiner Meinung nach zusteht. So äußert er sich auch dem Lamm gegenüber: „Du sollst dem Wolf die Mahlzeit nicht rauben. Und könntest du auch jede Schuld von dir wegstreiten.“ (Z. 10 ff.)

127 Er will nicht den Eindruck erwecken, dass er das Lamm mit Gewalt an sich reißt und frisst.

128 Er will dem Lämmchen irgendeine Schuld anhängen. Deshalb klagt er das Lämmchen unter einem Vorwand an.

129

Behauptungen des Wolfs	Antworten des Lamms
Du hast mich vor einem Jahr ausgeschimpft.	Ich bin noch gar kein Jahr alt.
Du hast meinen Acker benagt.	Ich fresse noch kein Grünfutter.
Du hast mir die Quelle getrübt.	Ich trinke noch Muttermilch.

130 Er will das Lämmchen fressen; es soll aber so aussehen, als ob er mit dieser Tat im Recht ist.

131 Es will seine Unschuld beweisen.

132 Du hättest dich nicht auf ein Gespräch mit dem Wolf einlassen, sondern weglaufen sollen.

133
- Am Anfang geht es ihm **schlecht**, weil **ihm ein Knochen im Hals stecken geblieben ist**.
- Am Ende geht es ihm **wieder gut**, weil **der Reiher den Knochen herausgezogen hat**.

134 Der Reiher soll ihn von seinen Schmerzen befreien.

135 Er verspricht dem Reiher eine Belohnung.

136 Er möchte eine Belohnung bekommen.

137 [X] Wolf

Begründung: Der Wolf erreicht sein Ziel, denn der Reiher befreit ihn von den Schmerzen, indem er ihm den Knochen aus dem Hals zieht.

138
- Mit dem Zähnefletschen: **eine Drohung**
- Mit dem Grinsen: **Schadenfreude**

139 Du hättest nicht darauf vertrauen dürfen, dass du die versprochene Belohnung bekommst. Du hast dich mit deiner Hilfsbereitschaft gegenüber einem Bösewicht nur in Gefahr gebracht.

140 Er ist dick und gut genährt.

141 Er hat Mühe damit, immer etwas zu fressen zu finden.

142 Er drückt damit aus, dass er …

☒ misstrauisch ist.

143 Mein Hals ist deshalb so fahl, weil **mich das Halsband scheuert, das ich tragen muss**.

144 Er verachtet den Hund dafür, dass er für sein Fressen die Unfreiheit in Kauf nimmt.

145 Lieber will ich hungern, **als in Unfreiheit zu leben**.

146 *Mögliche Bewertungen:*

Wolf und Lamm: Ich bewerte das Verhalten des Wolfs mit der Note **6**.
Begründung: Der Wolf frisst das Lämmlein nicht nur, sondern er tut auch noch so, als ob er mit seiner üblen Tat im Recht wäre.

Wolf und Reiher: Ich bewerte das Verhalten des Wolfs mit der Note **5**.
Begründung: Er hat den Reiher um seine Belohnung betrogen. Das ist hinterhältig und gemein. Aber immerhin hat er ihn nicht gefressen.

Wolf und Hund: Ich bewerte das Verhalten des Wolfs mit der Note **2**.
Begründung: Der Wolf gibt seine Freiheit nicht auf, nur um regelmäßig etwas zu fressen zu bekommen.

147
- **a** Du hast den Acker benagt, [den] ich mein nenne.
- **b** Du trübtest mir den Quell, [den] ich trinke.
- **c** Derjenige, [der] den Schlechten hilft, wird keinen guten Lohn ernten.
- **d** Ein Wolf stieß einst auf einen Hund, [der] sehr fett war.
- **e** Mein Hals wird von dem Halsband gerieben, [das] mein Ernährer mir herumschmieden ließ.

148 a Ein Wolf, **der großen Hunger hatte**, sah ein Lämmchen.
b Das Lämmchen, **das sich von seiner Herde verirrt hatte**, stand an einem Bach.
c Ein Reiher sollte einem Wolf einen Knochen herausziehen, **der ihm im Rachen stecken geblieben war**.
d Der Wolf verweigerte dem Reiher anschließend den Lohn, **den er ihm versprochen hatte**.
e Ein Wolf traf auf einen Hund, **der wohlgenährt aussah**.

149 *Du könntest die Satzzeichen so gesetzt haben:*
Eine Maus wollte über ein Wasser gelangen. Sie konnte aber nicht schwimmen. Da bat sie einen Frosch um Hilfe. Der Frosch war hinterlistig; er band den Fuß der Maus an seinem eigenen Fuß fest. So wollte er mit ihr ans andere Ufer schwimmen. Aber in Wirklichkeit wollte er der Maus gar nicht helfen; er wollte sie ertränken. Er tauchte sie unter Wasser. Doch die Maus wehrte sich und zappelte. Da kam ein Raubvogel vorbei, der schnappte die Maus und fraß sie. Der Frosch hing aber durch das Band an der Maus fest; deshalb landete er mit im Schnabel des Raubvogels und wurde auch gefressen.

150 Als eine Stadtmaus einen Spaziergang aufs Land machte, traf sie unterwegs eine Feldmaus. Weil die Feldmaus eine gute Gastgeberin sein wollte, bot sie der Stadtmaus ein paar Eicheln an. Da bedauerte die Stadtmaus ihre Verwandte vom Lande, die nur so wenig zu fressen hatte. Sie lud sie zu sich in die Stadt ein, wo sie ihr die besten Speisen vorsetzen wollte. Die Feldmaus folgte der Einladung, obwohl sie ein wenig skeptisch war. Sie hatte schon so viel davon gehört, dass das Leben in der Stadt gefährlich sei. Während die beiden Mäuse die Vorratskammern durchstöberten und über den Speck herfielen, hörten sie plötzlich einen heftigen Lärm an der Tür. Das war der Kellermeister, der eine Flasche Wein holen wollte. Die Stadtmaus fand schnell ein Loch, in dem sie sich verkriechen konnte. Aber die Feldmaus huschte ängstlich hin und her, weil sie sich in der fremden Umgebung nicht auskannte. Nachdem der Kellermeister gegangen war, verabschiedete sich die Feldmaus von ihrer reichen Verwandten. Sie wollte lieber weiter auf dem Land leben, weil sie sich dort sicher fühlte. Wenn man in der Stadt so gefährlich lebte, wollte sie lieber arm bleiben und nur Eicheln fressen.

151 *Die Fabel „Wolf und Reiher“ könntest du so umgestalten:*

Als der Wolf in seinem Heißhunger ein Lämmchen gefressen hatte, war ihm ein Knochen im Hals stecken geblieben. Der bereitete ihm große Schmerzen. Nun war er auf der Suche nach einem Helfer, der ihn von seinen Qualen befreien könnte. Nach einer Weile kam ein Reiher vorbei. Der Wolf dachte sich: „Der mit seinem langen Schnabel wird mir den Knochen herausziehen können.“ Aber ihm war klar, dass der Reiher das nicht freiwillig tun würde. Schließlich wussten alle Tiere, dass der Wolf gefährlich war. Da hatte er eine Idee: Er versprach dem Reiher eine Belohnung, wenn er ihm zu Hilfe käme.

Doch der Reiher war misstrauisch. Er hatte vom Wolf schon so viel Schlechtes gehört. Und was für eine Belohnung könnte der ihm schon geben? Nach einigem Überlegen lehnte er das Angebot ab. „Wenn du so gierig deine Beute frisst, dass dir ein Knochen im Hals stecken bleibt, dann sieh selbst zu, wie du ihn wieder loswirst. Ich jedenfalls helfe dir nicht. Wer weiß, was du mir antust, wenn ich meinen Schnabel in deinen gefräßigen Schlund stecke.“ So sprach er und ging stolz seines Weges. Der Wolf aber hatte eine unruhige Nacht. Erst am nächsten Morgen schaffte er es, den Knochen unter Qualen hinauszuwürgen.

(202 Wörter)

Kapitel 7: Der Erpresser

152 ☒ Er beschreibt nur den Ablauf der Handlung.

153 Die Beziehung zwischen Konstantin und seinem Vater ist …

☒ schlecht.

Begründung: Der Vater schlägt seine Kinder häufig. Konstantin will auch nicht mehr nach Hause zurückkehren, sondern lieber im Heim bleiben.

154

Straftat	Täter	Tatmerkmale	Opfer
Bedrohung	erzeugt Angst	jmd. ein Verbrechen androhen (oder den Menschen, die ihm nahestehen)	bekommt Angst
Erpressung	bereichert sich	von jmd. verlangen, dass er etwas Bestimmtes tut / lässt	bekommt Angst/ erleidet Schaden
Diebstahl	bereichert sich	jmd. eine Sache wegnehmen	erleidet materiellen Schaden
schwerer Diebstahl	bereichert sich	jmd. eine Sache wegnehmen, die unter Verschluss war	erleidet erheblichen materiellen Schaden

155 ☒ Er macht sich Sorgen um sie.

156 „Er machte sich Sorgen, seine Kinder könnten verwahrlosen, weil sie so viel sich selbst überlassen waren. Daher prügelte er sie für jedes Vergehen."
(Z. 2 ff.)

157 *Mögliche Beispiele:*

- Sie kommen zu spät nach Hause.
- Sie haben eine schlechte Note bekommen.
- Sie haben eine freche Antwort gegeben.

158 ☒ Er ist der Älteste.

159 ☒ zweimal

160 ☒ 14 Jahre

161 **a** *Du könntest dein Kreuz so gesetzt haben:*

b *Begründung:* Es ist unangenehm, wenn man zweimal sitzenbleibt. Auch ist es nicht schön, als Ältester mit lauter jüngeren Mitschülern in einer Klasse zu sitzen. Aber ganz schlecht fühlt er sich wohl doch nicht, weil er von einem schwächeren Schüler um Hilfe gebeten wird. Dadurch fühlt er sich wahrscheinlich stark.

162

	trifft zu	trifft nicht zu
Er will ihm helfen.	☒	☐
Er will ihn ausnutzen.	☒	☐

Begründung: Wahrscheinlich stimmt beides. Auf der einen Seite hilft er Ronald, als der ihn darum bittet. Auf der anderen Seite bekommt er dafür Geld.

163 ☒ Er lebt auf der Straße.

164 ☒ Nein, er hat keinen festen Aufenthaltsort.

Begründung: Es heißt, dass Konstantin „mehrmals“ (Z. 14) am selben Ort übernachtet. Dass er sich dort dauerhaft aufhält, wird nicht gesagt.

165 *Straftat:* Es handelt sich um **Erpressung**.

Begründung: Konstantin bedroht Ronald nicht nur, um ihm Angst zu machen, sondern auch, um etwas von ihm zu bekommen.

166 *Straftat:* Er begeht **Diebstahl**.

Begründung: Er hat im Geschäft seiner Eltern Geld aus der Kasse gestohlen. Die Kasse war nicht verschlossen. Wahrscheinlich war der Betrag auch nicht groß.

167 ☒ Diebstahl.

Begründung: Das Auto war nicht verschlossen. Außerdem war die Jacke vermutlich nicht viel wert (Pelzimitation).

168
- der Vater
- ein Erzieher aus dem Heim

169 [X] Ja, er hat recht.

Begründung: Er muss von irgendetwas leben, wenn er aus dem Heim wegläuft. Also würde er weitere Straftaten begehen, z. B. würde er stehlen, um etwas zu essen zu haben.

170 Konstantin ist für seine Straftaten …

[X] ein wenig zu verurteilen.

Begründung: Die Situation in seiner Familie ist sehr schlecht: Seine Mutter ist gestorben, und von seinem Vater wird er regelmäßig verprügelt. Deshalb ist es zu verstehen, wenn er von zu Hause wegläuft. Als er Hilfe suchend zu seiner Großmutter geht, bekommt er von ihr auch keine Unterstützung. Trotzdem ist es nicht in Ordnung, dass er Straftaten begeht. Auch ist er zu verurteilen, weil er Ronald erpresst.

171 **Überblick über die Zeitformen der Vergangenheit mit dem Hilfsverb „sein“:**

	Präsens	Perfekt	Präteritum	Plusquamperfekt
ich	reis**e**	**bin ge**reis**t**	reis**te**	**war ge**reis**t**
du	reis**t**	**bist ge**reis**t**	reis**test**	**warst** gereist
er, sie, es	reis**t**	**ist ge**reis**t**	reis**te**	**war ge**reis**t**
wir	reis**en**	**sind ge**reis**t**	reis**ten**	**waren ge**reis**t**
ihr	reis**t**	**seid ge**reis**t**	reis**tet**	**wart ge**reis**t**
sie	reis**en**	**sind ge**reis**t**	reis**ten**	**waren ge**reis**t**

172 **Regelmäßige Verben**

Infinitiv	1./3. Pers. Sing. Präteritum	Partizip Perfekt
spielen	spielte	gespielt
lachen	lachte	gelacht
klagen	klagte	geklagt
kochen	kochte	gekocht
lieben	liebte	geliebt
fragen	fragte	gefragt

Unregelmäßige Verben

Infinitiv	1./3. Pers. Sing. Präteritum	Partizip Perfekt
lesen	las	gelesen
kommen	kam	gekommen
schwimmen	schwamm	geschwommen
schreiben	schrieb	geschrieben
sitzen	saß	gesessen
trinken	trank	getrunken

173
- a gestärkt
- b versteckt
- c aufgeführt
- d geärgert
- e bewegt
- f bezahlt
- g verdient
- h angesagt

174
- a ich aß
- b er hatte gelesen
- c sie schreiben
- d er flog
- e ihr seid geschwommen
- f wir lachten
- g ihr habt telefoniert
- h du warst gelaufen

175
- a Als Konstantins Mutter gestorben war, machte sich der Vater große Sorgen.
- b Nachdem Konstantin in der Schule versagt hatte, blieb er sitzen.
- c Als der Vater die Kinder geprügelt hatte, wurde Konstantin frech.
- d Nachdem der Vater sich über Konstantin geärgert hatte, lief dieser von zu Hause fort.
- e Als Ronald ihm einmal kein Essen gebracht hatte, bedrohte Konstantin ihn.
- f Nachdem Konstantin eine Jacke gestohlen hatte, kam er vor den Richter.

176
- a Der erste Teil (Z. **1** bis Z. **19**) steht im **Präteritum**.
  Der zweite Teil (Z. **20** bis Z. **35**) steht im **Präsens**.
- b „Konstantin hatte nie besonders gut gelernt, jetzt versagte er völlig.“ (Z. 5)
  Er hat aus einem offenen Wagen eine Pelzimitationsjacke gestohlen. Die Jacke liegt auf dem Richtertisch. (Z. 21 f.)
- c Die Äußerung steht im **Präsens**.
- d Die Äußerung steht im **Präsens**.

177
- **a** wü|tend
- **b** We|ge
- **c** blu|tig
- **d** Lo|se
- **e** Ta|ge
- **f** Ste|ge
- **g** spä|ter
- **h** Tö|ne

178

Wörter mit aa	Wörter mit ee	Wörter mit oo
Waage, paar, (das) Paar, Saal, Aal, Staat, Aas, Saat, Haar	Meer, Fee, Beet, Tee, Klee, Speer, Armee, Idee, Teer, Beet, Gelee, Schnee, Kaffee, See, Seele, leer, Heer	Moor, Boot, Zoo, Moos

179

Wörter mit Dehnungs-h	Wörter mit h am Silbenanfang
Jahr, verwahrlosen, vierzehn, ihn, ihm, mehr, mehrmals, stehlen, gefährlich, Diebstahl, Festnahme, Bewährungszeit, Ihnen, fahrig, führen, eh	da|her, Verge|hen, se|hen, dro|hen, Dro|hung, Erzie|her, aufste|hen

180
- Konstant**i**n
- Text**i**lgeschäft
- d**i**r
- K**i**no
- W**i**derspruch

181 *Mögliche Stichworte/Nummerierung der Reizwörter:*

Nacht	Bett	Herzklopfen
dunkel, still, niemand arbeitet **1**	müde, schlafen, warm **2**	Unruhe, Angst, allein **6**
knistern	**schleichen**	**lauschen**
seltsames Geräusch, Blätter?, Papier? **3**	Mensch?, Tier?, Einbrecher? **4**	aufmerksam, besorgt, neugierig **5**

Mögliche Grundidee:
Yvonne allein zu Hause, Eltern auf Geburtstagsparty, sieht gruseligen Film, geht ins Bett, noch aufgeregt vom Film, hört seltsame Geräusche, Vater zurückgekommen (hat Geburtstagsgeschenk vergessen)

Deine Geschichte könnte so ähnlich aussehen:

Falscher Verdacht	**Überschrift**
Yvonne war allein zu Hause. Ihre Eltern waren zu einer Geburtstagsfeier eingeladen. Ihre Lieblingsfernsehsendung durfte sie noch sehen, doch dann sollte sie schlafen gehen.	**Einleitung**
Um 21 Uhr war die Sendung vorbei. Ehe sie den Fernseher ausschaltete, zappte Yvonne erst noch einmal durch ein paar Kanäle. Auf einem Sender lief gerade ein spannender Monsterfilm: Eine junge Frau wartete mitten in der **Nacht** auf die Rückkehr ihres Mannes. Plötzlich sah man den Kopf eines großen Affen im Fenster. Es war dunkel draußen, und seine weißen Zähne leuchteten. Als die Frau den Riesenaffen bemerkte, schrie sie erschrocken auf.	**Hauptteil** 1. Reizwort
Yvonne schaltete den Fernseher aus. Das war ihr doch ein bisschen zu gruselig. Sie putzte sich die Zähne und ging ins **Bett**. Aber sie konnte nicht gleich schlafen, weil sie von dem Film noch zu aufgeregt war.	2. Reizwort
Nach einer Weile stockte ihr plötzlich der Atem. Da war doch ein Geräusch? Was war das? Da – jetzt **knisterte** es wieder! **Schlich** da jemand ums Haus herum? Yvonne **lauschte** angespannt. Aber sie hörte nur ihr eigenes **Herzklopfen**.	Höhepunkt 3. Reizwort 4./5. Reizwort 6. Reizwort
„Bist du noch wach?“, ertönte auf einmal eine Stimme vor ihrem Fenster. Das war doch ihr Vater! Zögernd tappte sie zum Fenster und lugte vorsichtig durch einen Gardinenspalt. Tatsächlich, das war ihr Vater!	Spannung löst sich
Schließlich öffnete Yvonne ihr Fenster. „Papa, was machst du denn da?“, fragte sie erstaunt. „Ich hab’ das Geburtstagsgeschenk auf der Terrasse liegen lassen“, erklärte er und nahm das Päckchen, das auf einem Gartenstuhl lag. Er winkte ihr noch einmal, und schon war er verschwunden.	
Erleichtert legte sich Yvonne wieder ins Bett zurück. Immerhin hatte sie jetzt den Monsterfilm vergessen. Nun konnte sie ruhig schlafen. *(268 Wörter)*	**Schluss**

Kapitel 8: Europa

182 a
- Phönizien
- die Insel Kreta

b Die Insel Kreta ist am wichtigsten, denn hier findet der wichtigste Teil der Handlung statt: die Zusammenkunft von Zeus und Europa.

183 In der Sage geht es um die Entstehung des Erdteils Europa.

184
- Zeus
- Hera
- Hermes
- Aphrodite

185 die Prinzessin Europa

186 der Gott Zeus

187 a Agenor: König von Phönizien und Vater von Europa
b Europa: Tochter des Königs von Phönizien
c Asien: einer der beiden Erdteile, die Europa im Traum erscheinen
d Aphrodite: Göttin der Liebe
e Minos: Sohn von Zeus und Europa

188 Es heißt im Text: „Vom Olymp herab fiel der Blick des Gottes Zeus auf die schöne Europa." (Z. 23) Das bedeutet, dass Zeus aus großer Höhe herabschaute. Also kann es sich bei dem Olymp nur um einen hohen Berg handeln.

189 Sie träumt davon, dass sich zwei Erdteile um sie streiten.

190 Er kann sie vom Olymp aus sehen und ist entzückt von ihrer Schönheit.

191 Er verwandelt sich in einen Stier, weil seine Frau Hera seine Leidenschaft für Europa nicht bemerken soll.

192 Sein Sohn Hermes hilft ihm. Er treibt eine Herde von Stieren in die Nähe der Mädchen, damit sich Zeus in Gestalt eines Stiers unauffällig unter diese Tiere mischen und den Mädchen nähern kann.

193 a Das Fell ist ganz besonders glatt und glänzt wie Gold.
b Auf der Stirn ist ein schneeweißer Fleck.
c Die Hörner sind ganz gleichmäßig gewachsen und bernsteinfarben.

194 Der Stier macht allerlei Scherze, z. B. dreht er sich im Kreis und macht lustige Sprünge, und wirkt so vertrauenswürdig.

195 Sie ist **übermütig**.

196 Er entführt sie.

197 Er trägt sie zur Insel Kreta.

198
- Er sagt ihr, dass er **der Herrscher über die Insel Kreta ist**.
- Er sagt ihr **nicht**, dass er **ein Gott ist**.

199 Im Traum erzählt der fremde Erdteil der Prinzessin Europa, dass sie einmal Herrscherin über viele Länder werden wird.
Aphrodite erzählt ihr, dass ein neuer Erdteil später ihren Namen tragen wird. Gemeint ist der Erdteil Europa.

200 Die Insel Kreta ist der Ort, an dem der Erdteil Europa seinen Anfang nahm.

201
- „Ich werde dir Schutz gewähren." (Z. 62 f.)
- „Du wirst einen Sohn von ihm zur Welt bringen." (Z. 75 f.)
- „Du, Europa, und Minos, der Zeussohn, werdet über die Insel Kreta herrschen." (Z. 76 f.)
- „Der ganze Erdteil, zu dem diese Insel gehört, wird deinen Namen tragen und Europa heißen." (Z. 77 ff.)

202
- a Ich **werde sehen**.
- b Mein Freund **wird lachen**.
- c Wir **werden reisen**.
- d Die Nachbarn **werden helfen**.
- e Das Kind **wird spielen**.
- f Die Verkäuferin **wird kassieren**.
- g Der Taxifahrer **wird fahren**.
- h Die Gäste **werden gehen**.
- i Ihr **werdet schreiben**.

203
- a Ich werde **den Film am Wochenende** sehen.
- b Mein Freund wird **nachher über diesen Witz** lachen.
- c Wir werden **mit unserer Großmutter nach Italien** reisen.

d Unsere Nachbarn werden **uns am Wochenende** helfen.
e Das Kind wird **im Garten ein Spiel** spielen.
f Die Verkäuferin wird **an der Kasse das Geld** kassieren.
g Der Taxifahrer wird **die Fahrgäste zum Flughafen** fahren.
h Die Gäste werden **mit uns nach Hause** gehen.
i Ihr werdet **später einen Brief** schreiben.

204 a Meine Eltern werden schon eingekauft haben.
b Du wirst dieses Buch schon gelesen haben.
c Ihr werdet schon gegessen haben.
d Es wird geregnet haben.
e Eure Freunde werden ihren Zug noch erreicht haben.
f Die Kinder werden sich versteckt haben.
g Euer Besuch wird sich verspätet haben.
h Die Straßen werden wieder verstopft gewesen sein.

205 a Die meisten Menschen finden, dass das Leben ohne Arbeit leichter wäre.
b Sie denken, dass ein Roboter eine feine Sache wäre.
c Sie meinen, dass dieser Helfer ihnen unangenehme Arbeit abnehmen könnte.
d Sie hoffen, dass solche Roboter auch im Haushalt eingesetzt werden könnten.
e Viele Schüler wünschen sich, dass ein Roboter irgendwann ihre Hausaufgaben erledigt.

206 a In zwei Wochen beginnen die Ferien; **das** freut uns.
Demonstrativpronomen
b Das Licht, **das** du eingeschaltet hast, ist zu dunkel.
Relativpronomen
c Auf dem Konzert, **das** wir besucht haben, waren viele Musikfans.
Relativpronomen
d Wann fährt der nächste Bus? **Das** möchte ich gerne wissen.
Demonstrativpronomen
e Wenn du kommst, ist mir **das** recht.
Demonstrativpronomen
f Alexander hat sich in das Mädchen verliebt, **das** neu in unserer Klasse ist.
Relativpronomen
g Meistens schmeckt uns das Essen, **das** unser Vater für uns kocht.
Relativpronomen

207
a Europa hat einmal etwas Seltsames geträumt; **das** beunruhigte sie eine Zeit lang.
b Aber der Gedanke an **das** nächtliche Erleben, **das** sie gehabt hatte, verlor sich bald.
c Doch eines Tages sollte **das** Bild, **das** sie im Schlaf gehabt hatte, Wirklichkeit werden.
d Eines Nachmittags ging sie mit ihren Freundinnen auf eine Wiese am Meer. Sie hätte nie gedacht, **dass** der Tag für sie so schlimm enden würde.
e Zusammen mit ihren Freundinnen pflückte sie schöne Blumen. **Das** sah Zeus vom Olymp aus.
f Er verliebte sich in **das** hübsche Mädchen, **das** er sofort für sich gewinnen wollte.
g Um sein Ziel zu erreichen, verwandelte er sich in einen Stier. Europa hätte nie gedacht, **dass das** große, schöne Tier der Gott Zeus war.
h Arglos näherte sie sich dem Stier, und **das** wurde ihr zum Verhängnis.
i Kaum saß sie auf seinem Rücken, rannte der Stier mit ihr auf und davon. **Das** ängstigte sie.
j Am nächsten Morgen setzte der Stier sie auf der Insel Kreta ab und verschwand. Kurz darauf kam ein schöner junger Mann und sagte ihr, **dass** er sie zur Frau haben wollte.
k Später tauchte die Göttin Aphrodite auf. Sie verriet Europa, **dass** es sich bei dem jungen Mann um Zeus handelte.
l Sie sagte ihr auch, **dass** sie zusammen mit Zeus einen Sohn namens Minos bekommen würde.
m Es heißt, **dass** Aphrodites Ankündigung wahr wurde.
n **Das** war die Geburtsstunde des Erdteils Europa – jedenfalls der Sage nach.

208 *An folgenden Textstellen beginnt ein neuer Handlungsschritt:*
- Z. 13: „Europa erwachte …"
- Z. 16: „Mit ihren Freundinnen …"
- Z. 23: „Vom Olymp herab …"
- Z. 27: „Doch Liebe macht …"
- Z. 44: „Da sank der Stier …"
- Z. 61: „Da trat …"
- Z. 68: „Sie stieg …"

Mögliche Stichworte zum Handlungsverlauf:
- Europas Traum: Streit von zwei Erdteilen, Prophezeiung (wird Herrscherin über viele Länder)

- Europa vergisst Traum
- Europa spielt mit Freundinnen auf Wiese in Meeresnähe
- Zeus verliebt sich in Europa
- Zeus schickt Sohn Hermes mit Rindern zu den Mädchen; verwandelt sich in Stier; nähert sich den Mädchen; treibt Scherze und gewinnt Zutrauen
- Europa setzt sich auf Rücken des Stiers; Stier entführt sie übers Meer nach Kreta; Stier verschwindet
- Stier kehrt als hübscher junger Mann zurück; stellt sich als Herrscher über die Insel Kreta vor; verspricht Europa Schutz; macht ihr Heiratsantrag; verschwindet wieder
- Aphrodite prophezeit Europa Zukunft: wird mit Zeus Sohn haben, über Insel Kreta herrschen, neuem Erdteil Namen geben

Mögliche Nacherzählung:
Eines Nachts hatte Europa, die Tochter des Königs Agenor, einen seltsamen Traum. Sie träumte, dass zwei Erdteile menschliche Gestalt angenommen hatten und um sie stritten. „Europa bleibt hier!“, rief der Erdteil Asien. Der andere Erdteil, dessen Namen sie nicht kannte, widersprach heftig: „Nein, sie kommt mit mir!“ So ging es ein paarmal hin und her, bis der fremde Erdteil Europa einfach packte und sie entführte. „Eine Königin sollst du werden“, raunte er ihr ins Ohr. Da wachte Europa auf.
Sie dachte darüber nach, was der Traum wohl zu bedeuten hatte, aber es dauerte nicht lange, da hatte sie ihn vergessen.
Eines Tages ging sie mit ihren Freundinnen und Dienerinnen zu einer Wiese in der Nähe des Strandes. Die Mädchen pflückten dort Blumen und banden sich Kränze. Einträchtig saßen sie zusammen auf der Wiese, sangen Lieder und erzählten sich Geschichten.
Das war ein schönes Bild. Als der Gott Zeus vom Olymp aus die Gruppe erblickte, war er entzückt. Besonders Europa hatte es ihm angetan. Sofort verliebte er sich in das schöne Mädchen. Doch was würde seine Gattin Hera dazu sagen? Bestimmt würde sie eifersüchtig.
Also griff Zeus zu einer List: Er befahl seinem Sohn Hermes, ein paar Rinder in die Nähe der Mädchen zu treiben. Dann verwandelte er sich selbst in einen Stier und mischte sich unter die Rinder. Aber er war viel schöner als alle anderen Stiere. Sein Fell war seidig glatt und glänzte herrlich, und auf seiner Stirn leuchtete ein weißer Fleck, der aussah wie ein Diadem. Auch seine Hörner sahen wunderbar aus, denn sie waren ganz gleichmäßig gewachsen. In Gestalt des Stiers näherte sich Zeus den Mädchen. Zuerst hatten sie ein wenig Angst vor ihm und wichen zurück. Aber da er ganz friedlich war und sogar

Scherze zu machen schien, gewann er nach und nach ihr Zutrauen. Europa ging als Erste zu ihm hin. Sie streichelte ihm das Fell und fütterte ihn mit saftigen Kräutern.

Da sank er vor ihr nieder. Das machte Europa übermütig. „Wollen wir nicht auf ihm reiten?“, fragte sie ihre Freundinnen. Und schon saß sie auf dem Rücken des schönen Stiers. Der aber zögerte nicht eine Sekunde, sondern richtete sich sofort auf und trabte los. Er rannte in die Fluten und schwamm hinaus aufs offene Meer. Europa fing an zu weinen. Sie flehte den Stier an, sie zurückzubringen, doch darum kümmerte er sich nicht. Erst im Morgengrauen brachte er sie an Land: auf die Insel Kreta. Dort setzte er das Mädchen ab und verschwand.

Da fing Europa wieder an zu weinen, weil sie sich so einsam und verlassen fühlte. Kurz darauf kam aus einem Wald ein junger Mann auf sie zu. Er erzählte ihr, dass er der König der Insel sei, und tröstete sie. „Hab keine Angst“, sagte er, „ich werde dich beschützen!“ Schon bald darauf hielt er um ihre Hand an. „Was bleibt mir anderes übrig?“, dachte Europa und willigte ein. Doch schon bald danach verschwand Europas Ehemann wieder.

Jetzt fühlte sich Europa erst recht einsam. Sie war so verzweifelt, dass sie auf eine Klippe hinaufstieg, um sich von da aus ins Meer zu stürzen. Doch da hörte sie hinter sich ein Lachen. Sie drehte sich um und sah eine prächtige Frau, die hatte einen kleinen Jungen bei sich, der Pfeil und Bogen in den Händen hielt. Europa ahnte, dass es sich bei der schönen Frau um die Göttin der Liebe handelte. Es war tatsächlich Aphrodite. „Hör auf zu weinen!“, rief sie Europa zu. „Zeus selbst war es, der dich hierher gebracht hat. Er hat sich erst in einen Stier verwandelt und dann in einen Mann.“ Und sie prophezeite Europa, dass sie einen Sohn zur Welt bringen würde, den sie Minos nennen sollte. „Du und Minos – ihr beide werdet über die Insel Kreta herrschen. Und der Erdteil, zu dem Kreta gehört, wird einmal deinen Namen tragen.“ Da erinnerte sich Europa an den Traum, den sie einmal gehabt hatte. Jetzt erst verstand sie dessen Bedeutung. Alles, was Aphrodite verkündet hatte, wurde wahr.

(658 Wörter)

Kapitel 9: Waagen

209 Es handelt sich um einen **Sachtext**. Der Text informiert über etwas, das es seit Langem gibt: Waagen. Man erfährt darin, warum Waagen für unser Leben wichtig sind und wie sie im Laufe der Zeit immer besser und genauer geworden sind.

210 a Waagen waren kostbar. Wer eine Waage besaß, hatte Macht. Deshalb durfte nicht jeder Bürger eine Waage besitzen.

b Der Priester muss früher viel Macht gehabt haben.

211 a *Mögliche Frage:* Woran hat der Mann, der die Pfefferkörner gekauft hat, gemerkt, dass er betrogen worden ist? Er besaß doch gar keine Waage!
Mögliche Antwort: Der Mann muss gemerkt haben, dass es weniger Pfefferkörner waren als üblich. Wahrscheinlich war ein bestimmter Behälter, in den die Pfefferkörner gefüllt wurden, nicht so voll wie sonst.

b *Mögliche Frage:* Warum gibt es heute Waagen, die so genau sind, dass sie Gewichte messen, die man sich gar nicht vorstellen kann, z. B. 0,0000035 Gramm?
Mögliche Antwort: Im Alltag sind solche genauen Waagen nicht wichtig. Sie sind aber wichtig für die Wissenschaft. Es gibt Bereiche, in denen es auf die ganz genaue Messung von Gewichten ankommen kann, z. B. bei der Zusammensetzung von Medikamenten.

212 Es wird erklärt, …

☒ wie sich Waagen im Laufe der Zeit entwickelt haben.

213 Es gibt heute viele Waagen, und jeder Mensch darf eine Waage besitzen.

214 a

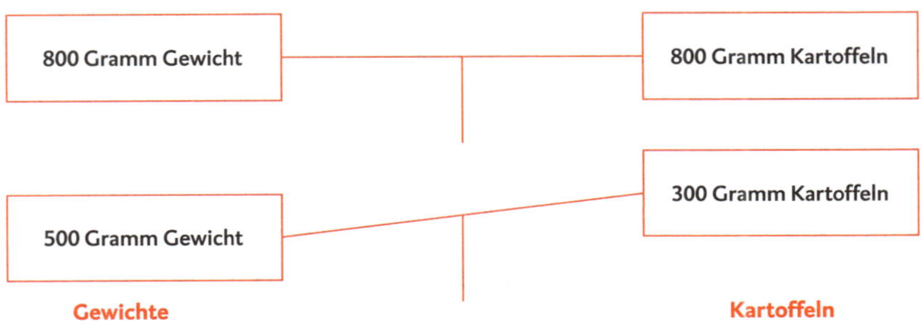

b
- Wenn das Gewicht genauso schwer ist wie die Kartoffeln, dann **sind beide Waagschalen in der gleichen Höhe**.
- Wenn das Gewicht schwerer ist als die Kartoffeln, dann **sinkt die Schale mit dem Gewicht tiefer**.

215 Ware wird mit Gewicht verglichen.

216 a Eine Heuwaage besitzt nur eine Waagschale.
b Sie war praktisch, wenn schwere Waren gewogen werden mussten, weil man sich damit viel Arbeit ersparen konnte.
c Die Maßeinheit Kilogramm war nicht überall gleich.
d Man hat ein Ur-Kilogramm entwickelt.

217 Das Ur-Kilogramm besteht aus Metall. Es wiegt so viel wie ein Liter Wasser. Nach diesem Gewicht werden weltweit alle Gewichte ausgerichtet. Es liegt in einem Tresor in Paris.

218 a Wenn es leicht zugänglich wäre, könnten Betrüger das Ur-Kilogramm manipulieren.
b Es hat 50 Mikrogramm an Gewicht verloren.
c Der Gewichtsverlust erfolgte …
☒ in mehr als 90 Jahren.
d Sie wollen ein Ur-Kilogramm entwickeln, das kein Gewicht mehr verliert.

219 Präzisionswaagen

220 Sie werden in der Regel in Laboren benutzt.

221 Der Computer ist ein zusätzliches Hilfsmittel beim Wiegen geworden.

222 Wahrscheinlich ist es auch heute noch so, dass jemand, der etwas ganz präzise wiegen kann, eine Art Macht hat. Außerdem ist das genaue Wiegen für die Wissenschaftler wichtig. Das bedeutet, dass der wissenschaftliche Fortschritt davon abhängen kann, wie genau die Waagen sind.

223 *Du musst diese Sätze unterstrichen haben:*
- „Ein Mann schimpft, er sei betrogen worden:" (Z. 2 f.)
- „Einem Betrüger können die Hände abgehackt werden!" (Z. 8)

- „Und in der Bank werden Münzen heute nicht mehr gezählt, sondern gewogen." (Z. 15 f.)
- „Das wurde vom Balkenende her so lange Richtung Mitte geschoben, bis die Wippe waagerecht stand." (Z. 38 f.)
- „Mit Heu beladene Fuhrwerke wurden so gewogen – daher der Name ‚Heuwaage'." (Z. 40 f.)
- „Und dort werden sie, wie damals in Ägypten, sicher verwahrt!" (Z. 67 f.)
- „Denn ihre Genauigkeit ist kostbar und muss geschützt werden." (Z. 68 f.)

224
- **a** Der Täter wurde mithilfe einer DNA-Analyse identifiziert.
- **b** Ein Schüler wurde beim Abschreiben erwischt.
- **c** Das Verfahren wurde eingestellt.
- **d** Die Rechnung wird bezahlt.
- **e** Die Möbel werden geliefert.

225
- **a** Ein Kleinkind wurde von einem Laster überfahren.
- **b** Eine Bank wurde ausgeraubt.
- **c** Eine Einbrecherbande wurde verhaftet.
- **d** Ein Mädchen wurde von einem Kampfhund gebissen.
- **e** Mehrere 50-Euro-Scheine wurden gefälscht.

226

		Aktiv	Passiv	Präsens	Futur I	Futur II
a	Er wird rufen.	X			X	
b	Er wird gerufen haben.	X				X
c	Er wird gerufen.		X	X		
d	Er wird gerufen werden.		X		X	
e	Er wird gerufen worden sein.		X			X

227

		Passiv	Futur I
a	Du wirst dich noch erkälten.		X
b	Ich werde dich nicht enttäuschen.		X
c	Die Bescheinigung wird rechtzeitig ausgestellt.	X	
d	Nach einem neuen Ur-Kilogramm wird noch geforscht.	X	
e	Vielleicht wird man bald zum Mars reisen können.		X
f	Für exakte Messungen werden Präzisionswaagen benutzt.	X	

228
- **a** Das Essen ist serviert.
- **b** Die Karten sind schon alle verkauft.
- **c** Die Wohnung ist frisch renoviert.
- **d** Das Geschirr ist schon abgewaschen.

229
- **a** Rhythmus
- **b** Theorie
- **c** System / Systematik
- **d** Physik
- **e** Charakter
- **f** Sympathie
- **g** Thema
- **h** Athlet

230
- **a** Ge|würz|händ|ler
- **b** Wis|sen|schaft|ler
- **c** Prä|zi|si|ons|waa|gen
- **d** Kost|bar|kei|ten
- **e** Korn|sä|cke
- **f** Mess|in|stru|ment *oder* Mess|ins|tru|ment *oder* Mess|inst|ru|ment

231 *Deine Rezension könnte so aussehen:*

In einer Zeitschrift für Kinder habe ich kürzlich einen Text über Waagen gelesen. Der Text informiert darüber, wie sich Waagen im Laufe der Zeit entwickelt haben und wie wichtig Waagen früher waren bzw. es auch heute noch sind.

Dieser Text ist wirklich lesenswert. Zunächst einmal ist er so geschrieben, dass man keine Mühe hat, ihn zu verstehen. Die Sprache ist einfach; Fremdwörter werden nur benutzt, wenn sie notwendig sind, und dann werden sie auch erklärt, z. B. das Wort „Präzisionswaage".

Auch technische Fragen werden so behandelt, dass man alles leicht versteht. Dinge, die vielleicht etwas kompliziert sind, kann man sich trotzdem gut vorstellen, weil der Verfasser hin und wieder Vergleiche verwendet. So bringt er zum Beispiel an einer Stelle das Bild von einer Wippe, um die Funktionsweise einer Heuwaage zu erklären.

Gleich im ersten Absatz wird ein interessantes Beispiel aus der Geschichte gebracht: Man wird in Gedanken auf einen Marktplatz im alten Ägypten zurückversetzt. Es wird erzählt, wie es dort zwischen einem Kunden und einem Markthändler zum Streit kam, als der Kunde dem Händler Betrug vorwarf. Ein solcher Streit endete nicht etwa vor Gericht, sondern vor einem Priester! Denn er war der Einzige, der eine Waage besaß.

Alles in allem ist der Text jedem zu empfehlen. Er ist interessant, man liest ihn gern – und man lernt eine Menge. Wenn alle Artikel in dieser Zeitschrift so sind, dann fände ich es gut, wenn unsere Schulbibliothek sie abonnieren würde. *(237 Wörter)*

Kapitel 10: Der Erfinder

232 Der Erfinder sitzt seit Jahren nur in seinem Zimmer und stellt Berechnungen an. Er geht überhaupt nicht nach draußen. Das klingt übertrieben. Dass er keine Zeitungen liest und dass er nicht weiß, dass es Radios gibt, klingt auch unglaubwürdig.

233 Man sollte nicht so zurückgezogen leben und nur noch einer einzigen Beschäftigung nachgehen, sonst wird man einsam. Außerdem kennt man sich dann nicht mehr in der Welt aus.

234 **a**
- Verben: erfinden, begreifen, rechnen, zeichnen (kommen mehrmals vor) *Auch das Verb „lachen" kommt mehrmals vor, aber es bezieht sich auf die anderen Leute.*
- Adjektive: Es kommen nur wenige Adjektive im Text vor. Über den Erfinder wird einmal gesagt, dass er „mürrisch und schlecht gelaunt" (Z. 8) ist; einmal heißt es, dass er „nicht schlecht gelaunt" (Z. 17) ist. Außerdem wird gesagt, dass er „schnell" (Z. 28) begreift.

b
- Der Erfinder ist kein fröhlicher Mensch; er ist meist mürrisch und schlecht gelaunt. (Es sind immer nur andere, die lachen.)
- Er ist intelligent, denn er begreift schnell.
- Er ist gründlich und ausdauernd, denn er rechnet und zeichnet ständig, und das über Jahre.

235 Der Erfinder ist 1890 geboren. Er wohnt weit weg von der Stadt, verlässt nie sein Haus und bekommt selten Besuch.

236 **a** Er hat gemerkt, dass seine Berechnungen nicht stimmen, und ärgert sich darüber.

b Er zerreißt alle seine Pläne.

237 [X] der Erfinder

Begründung: Der Erfinder meint, dass die anderen seine Pläne nicht verstehen können.

238

Gute Eigenschaften	Schlechte Eigenschaften
Gewissenhaftigkeit	Zurückgezogenheit
Gründlichkeit	Misstrauen
Genauigkeit	Desinteresse an anderen
Ausdauer	Desinteresse an der Welt
Ehrgeiz	schlechte Laune

239 **a** müde, wach, ehrgeizig, dumm, intelligent, faul, fleißig, misstrauisch, arglos, einsam, gesellig, geschickt, ungeschickt, weltfremd, weltoffen, anpassungsfähig, stur, gewissenhaft, nachlässig, unwissend, informiert, verrückt, normal, eifrig, gelangweilt, ratlos, sicher, aktiv, untätig, fröhlich, traurig

b Der Erfinder ist vor allem **weltfremd**. Er ist so besessen davon, eine Erfindung zu machen, dass er nicht einmal Zeitungen liest, und er weiß auch nicht, dass es Radios gibt. Andere Eigenschaften sind eigentlich eher eine Folge davon, z. B. dass er **ungesellig** ist oder dass er **traurig** ist.

240 Er hat das Fernsehen erfunden, und das gibt es schon.

241
- das Automobil
- die elektrische Eisenbahn
- das Radio
- das Telefon
- das Fernsehen
- die Rolltreppe
- die Untergrundbahn
- den Kühlschrank
- die Ampel

242 Er ist enttäuscht, dass er mit seiner Erfindung zu spät kommt. Zu sehen, was ein anderer erfunden hat, würde ihn traurig machen. Das zeigt auch, dass er eigentlich gar kein Interesse am Fortschritt hat. Ihm ist nur wichtig, dass er derjenige ist, der etwas erfunden hat.

243 Der Erzähler bedauert den Erfinder. Jedenfalls verachtet er ihn nicht. Immerhin sagt er, dass es schwer sei, etwas zu erfinden. Trotzdem sieht er das Leben des Erfinders als traurig an.

244 *Mögliche Lösungen:*

a 1890, nach all den Jahren

b seit über vierzig Jahren, seither

c stundenlang, wochenlang
d weit weg von der Stadt, im Warenhaus
e nach Hause, in die Ecke des Restaurants

245 **a** **Unermüdlich** arbeitete der Erfinder den ganzen Tag.
b **Aufgrund seiner Intelligenz** begriff er alles sehr schnell.
c Einmal war er **wegen einer erfolgreichen Idee** nicht schlecht gelaunt.
d Er prüfte seine Pläne **gewissenhaft** nach.
e **Vor Überraschung** staunte er.
f **Ohne Scheu** sprach er einen Mann an.
g **Ratlos** stieg er aus.
h **Aus Enttäuschung** wollte er den Fernseher nicht in Betrieb sehen.
i Er ging **traurig** nach Hause.

246 **a** [Wegen seiner ~~mühseligen~~ Tüftelei ~~an einer neuen Erfindung~~] (AK) lebte (P) der Erfinder (S) jahrelang (AT) einsam (AM) [in seiner ~~am Stadtrand liegenden~~ Wohnung] (AL).

b [~~Vom Morgen~~ bis zum Abend] (AT) saß (P) [der ~~unermüdlich tüftelnde~~ Mann] (S) [in seinem ~~unaufgeräumten~~ Arbeitszimmer ~~unter dem Dach des Hauses~~] (AL).

c [Mit ~~unendlichem~~ Fleiß und ~~großer~~ Gewissenhaftigkeit] (AM) arbeitete (P) er (S) [an der Erfindung ~~eines hoch komplizierten elektronischen Geräts~~] (PO).

d [Nach langer Zeit ~~des genauen Rechnens und fleißigen Bastelns~~] (AT) besuchte (P) [der ~~inzwischen alt gewordene~~ Erfinder] (S) [an einem ~~schönen~~ Nachmittag] (AT) [die Stadt ~~mit all ihren neuen Errungenschaften~~] (O).

e [In einem ~~gut besuchten~~ Kaffeehaus] (AL) zeigte (P) ihm (O) [einer der ~~zahlreichen~~ Gäste] (S) [einen ~~in einer Ecke stehenden~~ Fernseher] (O).

f [Nach dieser ~~sehr großen~~ Enttäuschung] (AT) verließ (P) [der ~~missmutige~~ Tüftler] (S) [die Stadt ~~mit ihren vielen bösen Überraschungen~~] (O).

247 a Das **Prädikat** bleibt immer an der gleichen Position.
b Das Prädikat steht immer **an der zweiten Position**.

248 a

1	2	3	4
Der Erfinder	überprüfte	gewissenhaft	seine Pläne.
Gewissenhaft	überprüfte	der Erfinder	seine Pläne.
Seine Pläne	überprüfte	der Erfinder	gewissenhaft.
Er	ging	nach langer Zeit	in die Stadt.
Nach langer Zeit	ging	er	in die Stadt.
In die Stadt	ging	er	nach langer Zeit.
Er	sah	dort	viele neue Dinge.
Viele neue Dinge	sah	er	dort.
Dort	sah	er	viele neue Dinge.
Die Menschen	kannten	seine Erfindung	seit Langem.
Seine Erfindung	kannten	die Menschen	seit Langem.
Seit Langem	kannten	die Menschen	seine Erfindung.
Ein Fernseher	stand	längst	in vielen Häusern.
In vielen Häusern	stand	längst	ein Fernseher.
Längst	stand	ein Fernseher	in vielen Häusern.
Der Erfinder	ging	enttäuscht	nach Hause.
Enttäuscht	ging	der Erfinder	nach Hause.
Nach Hause	ging	der Erfinder	enttäuscht.

b *Ein möglicher Text könnte so aussehen:*
Gewissenhaft überprüfte der Erfinder seine Pläne. Nach langer Zeit ging er in die Stadt. Dort sah er viele neue Dinge. Seine Erfindung kannten die Menschen seit Langem. Ein Fernseher stand längst in vielen Häusern. Enttäuscht ging der Erfinder nach Hause.

249 a kön | nen
b ken | nen
c Sin | ne
d wol | len
e Bet | ten
f wis | sen

250 *Erklärung:* Nach dem kurz gesprochenen Vokal folgen in diesen Wörtern jeweils zwei verschiedene Konsonanten. Dann schreibt man keinen Doppelkonsonanten.

251 Der Erfinder saß die ganze Zeit zu Hause und rechnete. Denn er wollte eine großartige Erfindung machen. Er legte seine Stirn in Falten, fuhr sich mit seiner Hand über das Gesicht und dachte nach. Oft zerriss er am Abend seine Zeichnungen, wenn er merkte, dass sie falsch waren. Irgendwann war er aber doch erfolgreich: Er erfand den Fernseher. Da rollte er die Zeichnungen zusammen und fuhr in die Stadt. Dort hatte sich viel verändert. Der Erfinder merkte, dass er viele der neuen Dinge noch nicht kannte. Er wusste nicht, an wen er sich mit seiner Erfindung wenden sollte. Da sagte ihm ein Mann, dass die Erfindung gar nicht neu sei. Der Erfinder verstand: Er hätte das Gerät gar nicht mehr erfinden müssen! Da ging er nach Hause. Aber er hörte nicht auf, zu tüfteln. Statt sich zur Ruhe zu setzen, erfand er alle Dinge noch einmal. Er hätte seine Zeit besser nutzen können.

252

253 *Der Tagebucheintrag könnte so aussehen:*
Heute war ich nach langer Zeit zum ersten Mal wieder in der Stadt. Ich wollte meine Erfindung bekannt machen. Aber fast hätte ich das ganz vergessen, denn es gab so viel Neues zu sehen. In den Kaufhäusern sind jetzt Treppen, die nach oben rollen. An den Straßenkreuzungen sind Lichtsignale installiert. Und unter der Stadt fahren Züge. Ich kam aus dem Staunen gar nicht mehr heraus.
Aber dann machte ich eine schlimme Erfahrung: Niemand interessierte sich für meine Erfindung! Im Gegenteil: Statt aufzuhorchen, lachten die Leute bloß! Schließlich ging ich in ein Restaurant, um einen Kaffee zu trinken. Dort sprach ich einen anderen Gast an. Ich erzählte ihm von meiner Erfindung und fragte ihn, warum die Leute alle lachen, wenn ich sie darauf anspreche. Und

was sagte er da? Dass es einen solchen Apparat schon gibt! Er zeigte auf ein Gerät, das in einer Ecke stand, und fragte: „Soll ich den Fernseher mal einschalten?“

Das hätte mir gerade noch gefehlt! Ich will meine Erfindung bekannt machen, und dann gibt es so etwas schon! Und ich soll mir das auch noch anschauen! Da nahm ich meine Pläne und ging wieder nach Hause.

Jetzt sitze ich hier und frage mich: Sollte ich weitere Erfindungen machen? Lohnt sich das eigentlich? Und überhaupt: Ist das Leben, das ich führe, wirklich gut? Im Grunde bin ich einsam. Niemand besucht mich. Ich hatte ja auch immer Angst davor, dass jemand meine Pläne ausspioniert.

Ich muss wohl doch etwas ändern. Es wird Zeit, dass ich anfange, mein Leben zu genießen. Was nützt es, wenn ich zu Hause sitze und Berechnungen anstelle – und am Ende gibt es meine Erfindung schon? Ja, so wie es bis jetzt war, ist es nicht schön. Mein Leben muss anders werden. Vielleicht sollte ich mal wieder in den Zoo gehen und den Affen zusehen. Oder ich gehe in den Park und schaue mir die Pflanzen an. Oder ich gehe Eis essen … Es gibt so vieles, das ich unternehmen könnte!

Ja, das werde ich tun. Gleich morgen fange ich damit an! *(337 Wörter)*

Abschlusstest

1 **a** Es handelt sich um einen **Sachtext**.
b Der Text informiert über eine Frage, die sich mit der wirklichen Welt beschäftigt. Es geht um die Frage, warum der Mensch auf zwei Beinen geht.

2 **a** Ein Triathlon-Wettbewerb ist ein Wettbewerb in drei verschiedenen sportlichen Disziplinen (hier: im Schwimmen, Laufen und Klettern).
b Eine Savanne ist ein Grasland.
c Mit Amphibienexistenz ist ein Leben gemeint, das überwiegend im Wasser stattfindet.

3
- Er hat besondere geistige Fähigkeiten.
- Er hat besondere praktische Fähigkeiten.
- Er geht aufrecht.

4 Thema des Textes ist der aufrechte Gang. Es geht darum, wie es dazu gekommen ist, dass der Mensch auf zwei Beinen geht.

5 **a** Der aufrechte Gang ist …
☒ keine Spezialisierung.
b Der Mensch ist vielseitig. Er kann sich auf unterschiedliche Arten fortbewegen – aber er ist in keiner Fortbewegungsart besonders gut.

6 Dass der Mensch sich auf verschiedene Arten fortbewegen kann, ist gerade das Besondere an ihm. Kein Tier kann sowohl ziemlich gut laufen als auch ziemlich gut schwimmen als auch ziemlich gut klettern. Nur der Mensch kann das.

7 Sie können sich schneller fortbewegen als der Mensch.

8 Er hat bessere geistige und praktische Fähigkeiten als alle anderen Tiere; also sind sie bei ihm auch besser ausgeprägt als bei Schimpansen.

9 **a** Warum hat der Mensch irgendwann angefangen, auf zwei Beinen zu gehen?
b Theorie 1: Diese Theorie erklärt den aufrechten Gang mit dem Leben des Menschen in der Savanne.
Theorie 2: Diese Theorie sagt, dass der Mensch in verschiedenen Lebensräumen gelebt hat, wobei vor allem das Leben im Wasser von Bedeutung ist.

10 In der Savanne war der aufrechte Gang für den Menschen vorteilhaft, weil er so einen guten Überblick hatte. Er konnte Gefahren rechtzeitig erkennen, und er konnte beim Gehen auch noch Werkzeuge oder Waffen in der Hand halten.

11 Die Schimpansen richten sich auch von Zeit zu Zeit auf, wenn sie sehen wollen, was in einiger Entfernung passiert. Der Mensch hätte das auch tun können. Die Frage ist also nicht, warum der Mensch sich aufgerichtet hat, sondern die Frage ist, warum er nicht immer wieder auf alle Viere zurückfällt. Im Übrigen können die Schimpansen beim Laufen auch etwas in der Hand halten.

12
- Der Mensch hat längere Beine als Schimpansen; das erleichtert ihm das Waten im flachen Wasser.
- Er hat seine Körperbehaarung verloren; das ist typisch für Tiere, die im Wasser leben.
- Er hat ein auffälliges Fettpolster; das ist wichtig für ein Leben im Wasser.
- Babys können im Wasser tauchen.

13 *Vielleicht hast du so entschieden:*
Ich würde lieber in einem Forscherteam mitarbeiten, das die …

☒ zweite Theorie verfolgt.

Mögliche Begründung: Die Forscher, die die erste Theorie verfolgen, können immer noch nicht genau sagen, warum der Mensch auf zwei Beinen geht, aber sie halten trotzdem an ihrer Theorie fest. Wenn man aber weiterkommen will, sollte man neue Wege beschreiten. Zumindest sollte man prüfen, ob ein neuer Weg nicht besser geeignet ist, eine Frage zu beantworten, die bis heute nicht wirklich geklärt ist.

14 **a**
1. das grammatische Geschlecht (Maskulinum): der Mensch
2. der Genitiv: des Menschen
3. der Plural: die Menschen

b
1. der Komparativ
2. der Superlativ

c
1. Präsens
2. die (übliche) Form des Präteritums
3. eine Form des Präteritums, die auch möglich ist
4. Partizip Perfekt
5. Imperativ

15

1. Savanne
2. Schicht
3. Schimpanse
4. Schnelligkeit
5. Schutz
6. Schwimmen
7. Sieger
8. Spezialisierung

16

a biologisch
b Disziplin
c Baum
d herabsteigen
e lang
f tragen
g Merkmal
h verständlich

17 Die ersten beiden Absätze stehen im **Präsens**.

18

a ☒ Präsens
☒ Perfekt
☒ Präteritum
☒ Plusquamperfekt

b *Mögliche Beispiele:*

- „Diese [. . .] Theorie lässt [. . .] offen." (Z. 39) *Präsens*
- „[. . .] der Frühmensch [. . .] sich [. . .] spezialisiert hat" (Z. 40 f.) *Perfekt*
- „Die [. . .] längeren Beine erleichterten [. . .]" (Z. 45 f.) *Präteritum*
- „[. . .] hatte der Frühmensch [. . .] gelebt" (Z. 49 f.) *Plusquamperfekt*

19

Bis heute	In Zukunft
Es gibt noch keine Klimakatastrophe.	Es **wird** vielleicht eine Klimakatastrophe **geben**.
Die Forscher verstehen die Entwicklung des Menschen noch nicht ganz.	Die Forscher **werden** die Entwicklung des Menschen **verstehen**.
Die Menschen wissen vieles noch nicht.	Die Menschen **werden** vieles **wissen**.
Die technische Entwicklung ist noch nicht am Ende.	Die technische Entwicklung **wird weitergehen**. (*oder:* … **wird** noch nicht am Ende **sein**.)
Die Menschen haben noch keine Roboter in ihren Haushalten.	Die Menschen **werden** Roboter in ihren Haushalten **haben**.
Die meisten Gebäude werden noch nicht mit erneuerbarer Energie beheizt.	Die meisten Gebäude **werden** mit erneuerbarer Energie **beheizt werden**.

20
- a Vor langer Zeit lebten die Menschen noch auf Bäumen.
- b Irgendwann aber stiegen sie von den Bäumen herab.
- c Fortan lebten sie in der Savanne.
- d Dort gewöhnten sie sich an den aufrechten Gang.
- e Der aufrechte Gang bot einige Vorteile für die Menschen.
- f In aufrechter Haltung konnten sie frühzeitig Gefahren erkennen.
- g Auch hatten sie die Hände für Waffen oder Werkzeuge frei.
- h Doch nicht alle Forscher glauben an die Savannen-Theorie.

21
- a Der Mensch ist ein Säugetier, **aber/doch** durch seinen aufrechten Gang unterscheidet er sich von anderen Säugetieren.
- b Der aufrechte Gang ist keine Spezialisierung, **denn** er bietet keine Vorteile.
- c Die Vorfahren des Menschen richteten sich nach und nach auf, **nachdem/seit/als** sie sich von der Schimpansen-Linie abgespalten hatten.
- d Der Frühmensch war nicht nur Savannenbewohner, **weil/da** er in unterschiedlichen Lebensräumen lebte.
- e Einige Forscher glauben, **dass** der Frühmensch auch im Wasser gelebt hat.

22
- a Eine neue Theorie geht davon aus, **dass** (K) der Frühmensch in unterschiedlichen Lebensräumen lebte.
- b Die langen Beine erleichterten den Menschen **das** (A) Waten im flachen Wasser.
- c **Das** (A) Fett, **das** (R) der Mensch als Polster unter der Haut hat, war für ein Leben im Wasser notwendig.
- d Die Menschenbabys mögen **das** (A) Wasser; **das** (D) zeigt sich zum Beispiel daran, **dass** (K) sie schon im ersten Lebensmonat tauchen können.
- e **Dass** (K) Babys tauchen können, ist erstaunlich.

23
- a Die meisten Säugetiere bewegen sich nicht wie **der Mensch** (N) auf **zwei Beinen** (D).
- b Auch der Mensch hat **diese Fortbewegung** (A) erst im Laufe der Zeit entwickelt.
- c Einige Forscher erklären diese Entwicklung damit, dass der Mensch in **der Savanne** (D) gelebt hat.
- d Sie sagen, dass das Gehen auf zwei Beinen **einige Vorteile** (A) bietet.
- e So kann man mit **einer Waffe** (D) in **der Hand** (D) laufen.
- f Neuerdings bezweifeln einige Forscher **diese Theorie** (A).
- g Sie behaupten, dass der Mensch ursprünglich in **verschiedenen Lebensräumen** (D) gelebt hat.

h Durch **das Leben** (A), so heißt es nach **dieser Theorie** (D), habe der Mensch **seine Körperbehaarung** (A) verloren und **ein Fettpolster** (A) unter **der Haut** (D) entwickelt.

i Aber **diese neue Theorie** (N) lässt auch **einige Fragen** (A) offen.

24

a Für die Fortbewegung **wurde** von den meisten Lebewesen eine Spezialisierung **entwickelt**.

b Die Entwicklung zum aufrechten Gang **wurde** von den Forschern bisher mit der Savannen-Theorie **erklärt**.

c Im aufrechten Gang **wurden** von den Menschen frühzeitig Gefahren **erkannt**.

d Aber nicht alle Fragen **werden** von der Savannen-Theorie **beantwortet**.

e Die typischen Merkmale des Menschen **werden** von einigen Forschern auf eine Amphibienexistenz **zurückgeführt**.

25

a

Mit der Zeit	entwickelte	der Frühmensch	den aufrechten Gang.
AT	P	S	O

b

Dadurch	konnte	er	seine Hände	für die Jagd	gebrauchen.
AK	P1	S	O	PO	P2

c

In der Savanne	brauchte	er	das.
AL	P	S	O

d

Schimpansen	können	sehr schnell	laufen.
S	P1	AM	P2

e

Menschen	meistern	erfolgreich	die verschiedensten Disziplinen.
S	P	AM	O

f

Die Savannen-Theorie	hat	bis heute	einige Fragen	beantwortet.
S	P1	AT	O	P2

26

a Bei einer Nominalisierung wird ein Wort, das nicht als Nomen im Wörterbuch steht, in einem Satz wie ein Nomen verwendet.

b *Mögliche Beispiele:*

- „Würde man alle Säugetierarten an einem ‚Triathlon-Wettbewerb' aus 500 Meter **Schwimmen**, 1 000 Meter **Laufen** und 10 Meter **Klettern** teilnehmen lassen [...]" (Z. 12 ff.)
- „Allerdings zeigen gerade die Schimpansen, wie man sich flink auf allen **Vieren** fortbewegen [...] kann." (Z. 33 ff.)
- „Zum **Spähen** richten sie sich kurzzeitig auf und fallen dann auf alle **Viere** zurück." (Z. 35 f.)
- „Die [...] längeren Beine erleichterten dem aufrecht gehenden Menschen das **Waten** im Flachwasser." (Z. 45 ff.)

27 **W**arum eigentlich geht der **M**ensch auf zwei **B**einen? **A**lle anderen **S**äugetiere bewegen sich doch auf vier **B**einen! **D**ie **F**orscher haben über diese **F**rage schon lange nachgedacht. **A**ber sie haben bis heute keine ausreichende **E**rklärung dafür gefunden. **E**ine **T**heorie geht davon aus, dass der **M**ensch eine **Z**eit lang auf den **B**äumen gelebt hat und dass er irgendwann davon heruntergestiegen ist. **B**eim **L**eben in der **S**avanne habe er dann den aufrechten **G**ang entwickelt.

Für jede richtige Unterstreichung bekommst du 1 Punkt. Für jedes Wort, dass du richtig großgeschrieben hast, bekommst du 0,5 Punkte.

28 Eine andere ~~Teorie~~ besagt, ~~das~~ die ~~Frümenschen~~ in ganz ~~verschidenen~~ ~~Lebensreumen~~ ~~gelept~~ haben. Sie haben sich an die ~~unterschietlichen~~ Umweltbedingungen ~~angepast~~. Schon die ~~Gröse~~ der ~~Gliedmassen~~ würde zeigen, ~~das~~ die Menschen nicht nur in der Savanne zu Hause waren. Auch der Körperbau ~~lesst~~ erkennen, dass die Menschen sich vor allem im ~~wasser~~ ~~aufgehallten~~ haben. Sie haben nämlich ihre ~~Körperbeharung~~ verloren. ~~Auserdem~~ haben sie unter ihrer ~~haut~~ eine Fettschicht ~~entwikelt~~. ~~Dass~~ war ein ~~Schuz~~ gegen die ~~Kelte~~. Aber nicht alle ~~merkmale~~, die der Mensch heute hat, sprechen dafür, dass unsere ~~Forfahren~~ einmal wie die Fische waren.

Theorie, dass, Frühmenschen
verschiedenen, Lebensräumen
gelebt
unterschiedlichen
angepasst, Größe, Gliedmaßen
dass
lässt
Wasser, aufgehalten
Körperbehaarung
Außerdem, Haut
entwickelt, Das
Schutz, Kälte
Merkmale
Vorfahren

29 Bewertung deiner Briefe

Gib deine Briefe einer anderen Person zu lesen, z. B. deinem Vater, deiner Mutter oder einem Freund. Bitte deinen Testleser danach, im Bewertungsbogen unten einzukreisen, wie er den Text im Hinblick auf die einzelnen Kriterien einschätzt. Zähle am Schluss die erreichte Punktzahl zusammen.

Kriterium	gut	mittel	schlecht
Jeder Brief besteht aus ca. 120 bis 150 Wörtern.	3 Punkte (100–180 Wörter)	1,5 Punkte (70–99 Wörter)	0 Punkte (unter 70 Wörter)
Jeder Brief enthält die nötigen Angaben: Ort, Datum, Anrede, Schlussgruß.	3 Punkte	1,5 Punkte	0 Punkte
Die Texte sind im Briefstil verfasst; der Empfänger wird hin und wieder direkt angesprochen.	3 Punkte	1,5 Punkte	0 Punkte
Im ersten Brief werden mind. 2 Gründe für die „Savannen-Theorie" genannt.	3 Punkte	1,5 Punkte	0 Punkte
Im zweiten Brief werden mind. 2 Gründe für die „Wasser-Theorie" genannt.	3 Punkte	1,5 Punkte	0 Punkte
Die Sprache der Briefe ist höflich, wie unter Erwachsenen üblich (keine unpassende Umgangssprache).	3 Punkte	1,5 Punkte	0 Punkte
Die Briefe lassen sich flüssig lesen und sind gut zu verstehen.	3 Punkte	1,5 Punkte	0 Punkte
Alle Sätze sind vollständig.	3 Punkte	1,5 Punkte	0 Punkte
Die Briefe enthalten keine störenden Wortwiederholungen.	3 Punkte	1,5 Punkte	0 Punkte
Es gibt keine Grammatikfehler.	3 Punkte	1,5 Punkte	0 Punkte
Die meisten Wörter sind richtig geschrieben.	3 Punkte	1,5 Punkte	0 Punkte
Der Text ist ordentlich geschrieben (z. B. mit ausreichendem Rand).	3 Punkte	1,5 Punkte	0 Punkte

Gesamtpunktzahl: ______ von 36 Punkten

Testauswertung

Zähle nun alle Punkte zusammen, die du im Test erreicht hast.
Wie schneidest du ab?

Meine Gesamtpunktzahl im Test: ___________ von 260 Punkten

260–220 Punkte:
Sehr gut! Ganz gelassen kannst du gelegentlich einige Kapitel vertiefen.

219–170 Punkte:
Das Ergebnis kann sich sehen lassen. Erkenne selbst, welche Abschnitte oder Aufgaben du noch einmal wiederholen solltest, um zu einem sicheren Grundwissen zu kommen.

169–120 Punkte:
Es ist noch kein Meister vom Himmel gefallen. Mache dich auf die Suche, mithilfe welcher Kapitel und Übungen du deine noch vorhandenen Unsicherheiten beheben kannst. Sieh dir dazu deine Testergebnisse noch einmal im Detail an. Auch deine Einträge im Kompetenzcheck helfen dir dabei.

119 Punkte und weniger:
Du solltest das Buch noch einmal durcharbeiten. Nimm dir Zeit und gehe Aufgabe für Aufgabe konzentriert durch. Besprich dich auch mit deinen Mitschülern oder hole dir Tipps von deiner Lehrerin/deinem Lehrer. Teile dir die Arbeit ein und versuche nicht, alles auf einmal zu machen.

Fachbegriffe

Adjektiv: eine → Wortart. Adjektive beschreiben Eigenschaften und Merkmale von Personen, Dingen oder Situationen genauer.
Beispiele: Max ist *groß*. – das *schöne* Auto

Adverbiale: ein → Satzglied. Es gibt verschiedene Adverbialien, z. B. → Lokaladverbialien, → Temporaladverbialien, → Kausaladverbialien, → Modaladverbialien.

Akkusativ: ein → Kasus (der vierte Fall). Man erfragt ihn so: *Wen oder was …?*

Aktiv: Mit dem Aktiv drückt man aus, was jemand tut.
Beispiele: Der Junge *singt*. Der Wind *weht*.

Alphabet: Buchstabenreihe von A/a bis Z/z.

Artikel: eine → Wortart. Artikel sind Begleiter von Nomen. Es gibt bestimmte *(der, die, das)* und unbestimmte *(ein, eine)* Artikel.

Argument: Jedes Argument besteht mindestens aus einer → Behauptung und einer → Begründung. Besonders überzeugend ist es, wenn die Begründung zusätzlich durch → Beispiele veranschaulicht wird.

Aufforderungssatz: ein → Satz, mit dem man ausdrückt, dass jemand etwas tun soll. Aufforderungssätze werden mit einem Punkt beendet. Wenn eine Aufforderung sehr dringend gemeint ist, setzt man am Schluss ein Ausrufezeichen.
Beispiele: Unterstreiche im Text alle Verben. – Sitz endlich still!

Ausrufesatz: ein → Satz, der laut gerufen wird, z. B. weil man sich freut oder sich ärgert. Man beendet ihn mit einem Ausrufezeichen.
Beispiele: Das ist aber schön! – Du bist vielleicht ein Schuft! – Ich kann nicht glauben, dass du das gemacht hast!

Aussagesatz: ein → Satz, mit dem man aussagt, was ist oder was geschieht oder was gemacht wird. Er wird mit einem Punkt beendet.
Beispiele: Ich kenne viele Computerspiele. Einige spiele ich mehrmals am Tag.

Befehlsform: → Imperativ.

Begleitsatz: Der Begleitsatz steht bei der → wörtlichen Rede. Er drückt aus, wer spricht.
Beispiele: Sie sagte: „Ich gehe jetzt nach Hause." – „Es ist auch schon spät", *antwortete er.* – „Dann muss ich mich beeilen", *meinte sie,* „sonst kriege ich Ärger."

Begründung: der Grund, den jemand anführt, um seine Meinung zu belegen oder zu rechtfertigen.

Behauptung: eine Art Feststellung. Man sagt, dass etwas Bestimmtes der Fall ist.
Beispiel: Biogemüse ist gesünder.
Eine reine Behauptung kann nicht überzeugen. Erst durch eine nachvollziehbare → Begründung wird eine Behauptung zu einem überzeugenden → Argument.

Beispiel: ein Einzelfall, der dargestellt wird, um eine Aussage zu belegen.

Bestimmungswort: das erste Wort in einem → Kompositum. Mit dem Bestimmungswort wird Genaueres über eine Sache (oder Person) gesagt. Das, worum es geht, ist das → Grundwort.
Beispiele: Holztisch (ein Tisch *aus Holz*), Esstisch (ein Tisch, *an dem man isst*)

bildhafter Vergleich: ein → sprachliches Bild. Mit einem bildhaften Vergleich vergleicht man das, von dem man spricht, mit etwas anderem. Vergleiche erkennt man an bestimmten Vergleichswörtern *(wie, als, ob)*.
Beispiel: Er war weiß *wie Schnee*.

Brief: eine Textsorte. Man unterscheidet zwischen persönlichem und formalem Brief.

Cluster: Mit einem Cluster stellt man die Ideen, die einem zu einem Thema einfallen, grafisch dar.

Dativ: ein → Kasus (der dritte Fall). Man erfragt ihn so: *Wem …?*

Dehnungs-h: Signal dafür, dass der vorangehende → Vokal lang gesprochen wird. Es kann nur vor den → Konsonanten *l, m, n* oder *r* stehen.
Beispiele: Kohle, Rahm, Lohn, Jahr

Demonstrativpronomen: eine → Wortart aus der Gruppe der → Pronomen. Mit einem Demonstrativpronomen zeigt (demonstriert) man, welche Person/Sache man meint.
Beispiele: dieser Mann, *jenes* Kleid

Doppelkonsonant: zwei gleiche → Konsonanten hintereinander. Meist steht ein Doppelkonsonant zwischen zwei → Silben; dann trennt man ihn in der Mitte (z. B.: *Mut-ter*). Vor einem Doppelkonsonanten klingt der → Vokal immer kurz.
Beispiele: Himmel, Sonne, Kette, Wasser

Ersatzprobe: eine grammatische Probe. Meist ersetzt man dabei in einem → Satz ein Wort oder eine Wortgruppe durch andere Wörter, z. B. um herauszufinden, welcher → Kasus vorliegt.

Erweiterungsprobe: eine grammatische Probe. Dabei fügt man zusätzliche Wörter in einen → Satz ein, z. B. um zu prüfen, ob ein Wort in einem Satz als → Nomen verwendet wird.

Erzähler: derjenige, der eine Geschichte erzählt. Gemeint ist nicht der Schriftsteller, sondern derjenige, der die Handlung erzählt. Der Schriftsteller hat sich den Erzähler ausgedacht.

Erzählung: ein Text, mit dem eine Geschichte erzählt wird.

Fabel: Fabeln sind kurze Geschichten, in denen meist Tiere vorkommen. Diese haben menschliche Eigenschaften und Verhaltensweisen, sie können z. B. sprechen und Neid empfinden. Meist treffen zwei gegensätzliche Tiere aufeinander. Aus der Auseinandersetzung geht das eine als Sieger, das andere als Verlierer hervor. Die Fabel erteilt eine Lehre. Manchmal wird eine Lehre nicht direkt ausgesprochen; dann muss man sie sich denken.

Fantasieerzählung: eine Geschichte, die sich so nur in der Fantasie ereignen könnte.

Femininum: das „weibliche“ Geschlecht. Ob ein → Nomen grammatisch gesehen „weiblich“ ist, erkennt man am zugehörigen → Artikel (*die/eine*). Die → Adjektive passen sich dem Geschlecht des Nomens an.
Beispiele: die alte Frau, die junge Katze

finites Verb: das gebeugte → Verb. Es trägt im → Satz die → Personalendung.
Beispiel: Heute Nacht *hat* es geschneit.

Fragepronomen: eine → Wortart. Viele → Fragesätze beginnen mit einem Fragepronomen. Dadurch wird klar, wonach gefragt wird. Fragepronomen sind: *wer?, was?, wann?, wo?, wohin?, woher?, warum/weshalb?, wie?* (auch zusammen mit anderen Wörtern: *wie oft?, wie lange?, wie viel?*).

Fragesatz: ein → Satz, mit dem eine Frage gestellt wird. Fragesätze werden mit einem Fragezeichen beendet.
Beispiele: Wann kommst du denn endlich? – Gehst du heute ins Kino?

Fremdwort: ein Wort, das aus einer fremden Sprache, z. B. aus dem Englischen, in die deutsche Sprache gekommen ist.
Beispiele: chatten, Quiz, Show

Futur I: eine Zeitform (→ Tempus) des → Verbs. Das Futur I drückt aus, dass eine Handlung in der Zukunft geschieht. Es wird mit dem → Hilfsverb *werden* und dem → Infinitiv des Verbs gebildet.
Beispiel: Ich *werde* dich *anrufen.*

Futur II: eine Zeitform (→ Tempus) des → Verbs. Das Futur II drückt eine Art Erwartung oder Vermutung aus. Man vermutet, dass etwas in Zukunft geschehen sein wird. Das Futur II wird mit dem → Hilfsverb *werden* und dem Infinitiv Perfekt gebildet.
Beispiel: Er *wird* es bald *geschafft haben.*

Gedicht: ein Text, der ein kunstvoll gestaltetes Äußeres hat. Meist sind Gedichte in → Versen und → Strophen angeordnet. Häufig gibt es auch → Reime.

Genitiv: ein → Kasus (der zweite Fall). Man erfragt ihn so: *Wessen ...?*

Grundwort: das letzte Wort in einem → Kompositum. Das Grundwort sagt aus, worum es geht.
Beispiele: Schul*tasche* (eine Tasche), tauben*blau* (blau), riesen*groß* (groß)

Hauptsatz: ein → Satz, der allein stehen kann und klar zu verstehen ist. Im Hauptsatz steht das → finite Verb vorn, auf der Position des ersten oder zweiten → Satzglieds.
Beispiel: Sabine *will* auf die Party gehen.

Hilfsverb: eine besondere Art von → Verb. Die Hilfsverben *sein* und *haben* werden gebraucht, um bestimmte → Tempora zu bilden, z. B. das → Perfekt oder das → Plusquamperfekt.
Beispiele: Ich *bin* gerannt. Sie *hatte* gelogen.

Imperativ: die Befehlsform. Sie wird in → Aufforderungs- und Befehlssätzen verwendet. Für die 2. Person Singular entspricht sie dem Stamm des → Verbs. Einige Formen des Imperativs werden unregelmäßig gebildet.
Beispiele: Komm! Nimm doch noch etwas.

Infinitiv: die Grundform des → Verbs. Der Infinitiv endet im Deutschen meist auf *-en*.
Beispiele: lauf*en*, schweig*en*, tanz*en*

Kasus (Plural: Kasus): ein Fall. Es gibt im Deutschen vier Kasus: → Nominativ (1. Fall), → Genitiv (2. Fall), → Dativ (3. Fall) und → Akkusativ (4. Fall).

Kausaladverbiale: ein → Satzglied. Mit einem Kausaladverbiale drückt man aus, aus welchem Grund etwas getan wird.
Beispiele: Vor Wut schlug er mit der flachen Faust auf den Tisch. *Wegen seiner Krankheit* hatte er keinen Appetit.

Komparativ: die erste Steigerungsform eines → Adjektivs. Man bildet den Komparativ, indem man die Endung *-er* hinzufügt. Manchmal muss man den → Umlaut verwenden.
Beispiele: mutig – *mutiger*, stark – *stärker*

Kompositum (Plural: Komposita): ein aus zwei oder mehreren Wörtern zusammengesetztes Wort.
Beispiele: Hausarzt, zuckersüß

konjugieren: die möglichen Formen eines → Verbs bilden. Man sagt auch: ein Verb beugen. Man konjugiert ein Verb, indem man seine Form an ein bestimmtes → Tempus und ein → Personalpronomen anpasst.
Beispiele: ich sage, du sagtest, er/sie/es hat gesagt, wir hatten gesagt

Konjunktion: eine → Wortart. Konjunktionen verbinden Wörter, → Sätze oder auch Teile von Sätzen miteinander. Deshalb heißen sie auch Bindewörter.
Beispiele: und, oder, denn, dann, aber, als, nachdem, obwohl, weil, bevor, wenn

Konsonant: Mitlaut. Anders als → Vokale können Konsonanten nicht allein gesprochen werden; es klingt immer ein Vokal mit.
Beispiele: b (sprich: be), *h* (sprich: ha)
Konsonanten sind: *b, c, d, f, g, h, j, k, l, m, n, p, q, r, s, t, v, w, x, y, z.*

Kreuzreim: Man spricht von einem Kreuzreim, wenn sich Wörter abwechselnd → reimen (a b a b).
Beispiel: Reise – mir – leise – hier

Lokaladverbiale: ein → Satzglied. Mit einem Lokaladverbiale wird gesagt, wo sich jemand (oder etwas) befindet.
Beispiele: hier, vor dem Haus, auf der Straße

lyrisches Ich: das Ich in einem → Gedicht.

Märchen: eine → Erzählung, die in einer längst vergangenen Zeit und an einem unbestimmten Ort spielt und in der meist wundersame Dinge geschehen. Typisch sind formelhafte Sätze (*Es war einmal …*) sowie Zaubersprüche und magische Zahlen.

Maskulinum: das „männliche" Geschlecht. Ob ein → Nomen grammatisch gesehen „männlich" ist, erkennt man am zugehörigen → Artikel (*der/ein*). Die → Adjektive passen sich dem Geschlecht des Nomens an.
Beispiele: ein alter Mann, der hohe Baum

Modaladverbiale: ein → Satzglied. Mit einem Modaladverbiale wird gesagt, wie ein Lebewesen oder eine Sache etwas tut.
Beispiele: gern, ungern, mit Freude, voller Wut

Nachsilbe: eine → Silbe am Wortende.
Beispiele: Ereignis, Möglich*keit*, Reich*tum*, mut*los*, herz*lich*, wunder*bar*

Nebensatz: ein → Satz, der nur im Zusammenhang mit einem → Hauptsatz sinnvoll ist. Im Nebensatz steht das → finite Verb in der Regel am Ende. Nebensätze werden durch Komma vom zugehörigen Hauptsatz abgetrennt.
Beispiele: Wenn du kommst, freue ich mich. Ich kann mir das Auto nicht leisten, *weil es zu teuer ist.*

Neutrum: das „sächliche“ Geschlecht. Ob ein → Nomen grammatisch gesehen „sächlich“ ist, erkennt man am zugehörigen → Artikel (*das/ein*). Die → Adjektive passen sich dem Geschlecht des Nomens an.
Beispiele: ein kleines Kind, das große Haus

Nomen: eine → Wortart. Mit Nomen bezeichnet man Personen oder Sachen. Manche Sachen, die man mit einem Nomen bezeichnet, kann man sich nur denken.
Beispiele: *Mann, Baum, Fenster, Hoffnung*

Nominativ: ein → Kasus (der erste Fall). Man erfragt ihn so: *Wer oder was …?*

Objekt: ein → Satzglied. Das Objekt ist gewissermaßen das „Opfer“ einer Handlung.
Beispiel: Martin küsst *seine Freundin.*

Paarreim: Ein Paarreim liegt vor, wenn Reimwörter (→ Reim) paarweise angeordnet sind, also direkt aufeinanderfolgen (a a b b).
Beispiel: *Sonne – Wonne – Regen – Segen*

Partizip Perfekt: eine Form des → Verbs, die gebraucht wird, um bestimmte → Tempora und das → Passiv zu bilden.
Beispiele: *gefragt, gesehen, vergessen, bearbeitet*

Passiv: Mit dem Passiv drückt man aus, dass etwas *getan wird*. Dabei steht die Handlung im Mittelpunkt. Man bildet das Passiv mit dem → Hilfsverb *werden* und dem → Partizip Perfekt.
Beispiele: Die Tür *wird geöffnet*. Der Notarzt *wird gerufen*. Die Rechnung *wird bezahlt*.

Perfekt: eine Zeitform (→ Tempus) des → Verbs. Man könnte das Perfekt als „vollendete Gegenwart“ bezeichnen (*perfekt* bedeutet: *fertig, erledigt*). Das Perfekt drückt aus, dass eine Handlung abgeschlossen ist. Es wird mit den → Hilfsverben *sein* oder *haben* und dem → Partizip Perfekt des Verbs gebildet.
Beispiele: Sie *hat gesagt*. – Wir *sind gekommen*.

Personalendung: die Endung am Schluss des → finiten Verbs. Sie macht das → Verb „passend“ für die Person (oder Sache), die handelt.
Beispiele: Das Mädchen singt. (Personalendung -t passt zu *das Mädchen*.) – Die Kinder singen. (Personalendung *-en* passt zu *die Kinder*.)

Personalpronomen: eine → Wortart aus der Gruppe der → Pronomen. Personalpronomen sind: *ich, du, er, sie, es, wir, ihr, sie*. Sie können als Ersatz für ein → Nomen oder eine Wortgruppe stehen.
Beispiele: mein Bruder – *er*, die Kinder – *sie*, das alte Haus – *es*

Plural: Mehrzahl.
Beispiele: Stühle, Tische, Äpfel, Frauen

Plusquamperfekt: eine Zeitform (→ Tempus) des → Verbs. Man könnte das Plusquamperfekt als „vollendete Vergangenheit“ bezeichnen. (*Plus-quam-perfekt* bedeutet: *mehr als perfekt*.) Das Plusquamperfekt wird gebildet mit dem → Präteritum der → Hilfsverben *sein* oder *haben* und dem → Partizip Perfekt des Verbs.
Beispiele: Ben *hatte* noch gar nichts *gegessen*. Er *war* im Kino *gewesen*.

Positiv: die Grundform eines → Adjektivs.
Beispiele: *groß, schnell, klein*

Possessivpronomen: eine → Wortart aus der Gruppe der → Pronomen. Possessivpronomen sind: *mein, dein, sein, ihr, unser, euer, ihr*. Sie sagen aus, wem (oder zu wem) etwas gehört. Man nennt sie auch besitzanzeigende Fürwörter.
Beispiele: Tobias sagt: „*Mein* Vater kommt nach Hause. Ich sehe schon *sein* Auto.“

Prädikat: ein → Satzglied. Mit dem Prädikat wird gesagt, was jemand tut (oder was geschieht). Weil das Prädikat für einen → Satz so wichtig ist, nennt man es auch den Satzkern. Es besteht immer aus einem oder mehreren → Verben. Du kannst das Prädikat so erfragen: *Was tut …?* (oder auch: *Was tue, tust, tun, tut …?* – je nachdem, wer der „Täter“ ist).
Beispiel: Die Polizei *verfolgt* den Einbrecher. *Was tut die Polizei?* Sie *verfolgt* den Einbrecher.

Präfix: → Vorsilbe.

Präposition: eine → Wortart. Mit einer Präposition wird gesagt, wie Personen oder Dinge zueinander stehen. Präpositionen bestimmen den → Kasus des nachfolgenden → Nomens.
Beispiele: Das Buch liegt *auf* dem Boden/fällt *unter* den Tisch/steckt *in* der Tasche.

Präsens: eine Zeitform (→ Tempus) des → Verbs. Mit dem Präsens drückt man meist aus, dass etwas in der Gegenwart geschieht – oder regelmäßig. Das Präsens bildet man mit dem Stamm des Verbs und der → Personalendung.

Beispiele: Der Bus *kommt* (jetzt). Der Wecker *klingelt* um sieben Uhr (regelmäßig).

Präteritum: eine Zeitform (→ Tempus) des → Verbs. Mit ihr erzählt man von etwas, das in der Vergangenheit geschehen und bereits abgeschlossen ist. Die meisten → Erzählungen sind im Präteritum geschrieben. Bei regelmäßigen Verben wird das Präteritum gebildet, indem man zwischen dem Stamm des Verbs und der → Personalendung die Buchstaben *-t* oder *-te* einfügt.

Beispiele: spiel | en – er spiel*te*, brauch | en – wir brauch*ten*, leg | en – du leg*test*

Pronomen: eine → Wortart. Das Pronomen kann stellvertretend für ein Wort oder eine Wortgruppe verwendet werden. Deshalb nennt man Pronomen auch Fürwörter (*pro* bedeutet: *für*). Es gibt verschiedene Pronomen, z. B. → Demonstrativpronomen, → Personalpronomen, → Possessivpronomen, → Relativpronomen, → Fragepronomen.

Redensart: ein → sprachliches Bild, das zu einer festen Wendung geworden ist.

Beispiel: ein dickes Fell haben

Reim: ein Gleichklang von → Silben, in der Regel ein Gleichklang von Silben am Wortende. Reime kommen oft in → Gedichten vor. Besonders häufig findet man in Gedichten diese Reime: → Paarreim, → Kreuzreim, → umarmender Reim.

Relativpronomen: eine → Wortart aus der Gruppe der → Pronomen. Relativpronomen leiten → Relativsätze ein. Sie verweisen auf eine Person oder Sache zurück, von der gerade die Rede war. Meist werden die Wörter *der, die, das* als Relativpronomen benutzt. Weitere Relativpronomen sind *welcher, welche, welches*.

Beispiel: Der Mann, *der* …

Relativsatz: ein → Nebensatz, der mit einem → Relativpronomen eingeleitet wird.

Beispiel: Der Mann, *der sich gerade umgedreht hat*, kommt mir verdächtig vor.

Sachtext: ein Text, der von Lebewesen oder Dingen (Sachen) handelt, die es wirklich gibt oder gab.

Sage: eine → Erzählung aus früheren Zeiten, in der Wundersames geschieht. In Sagen werden meist konkrete Orte und Zeitpunkte genannt, um den Eindruck zu erwecken, die Geschichte hätte sich tatsächlich so abgespielt.

Satz: eine abgeschlossene sprachliche Einheit. Ein Satz kann allein stehen oder zusammen mit anderen Sätzen zu einem Text kombiniert werden. Man unterscheidet verschiedene Satzarten: → Aussagesatz, → Fragesatz, → Aufforderungssatz, → Ausrufesatz, Wunschsatz.

Satzgefüge: ein → Satz, der aus mindestens einem → Hauptsatz und einem oder mehreren → Nebensätzen gebildet wird.

Beispiel: *Als ich nach Hause kam* (Nebensatz), *läutete das Telefon* (Hauptsatz).

Satzglied: Teil eines → Satzes. Es gibt vier Satzglieder: → Subjekt, → Prädikat, → Objekt, → Adverbiale. Ein Satzglied kann aus einem oder aus mehreren Wörtern bestehen.

Beispiel: *Mein Vater* (Subjekt) *liest* (Prädikat) *jeden Morgen* (Adverbiale) *die Zeitung* (Objekt).

Satzreihe: ein → Satz, in dem zwei oder mehrere → Hauptsätze miteinander verbunden sind.

Beispiel: Heute kommt meine Tante zu Besuch, sie bringt Kuchen mit.

Schwank: eine lustige → Erzählung aus dem alltäglichen Leben von einfachen Leuten. Meist hat die Geschichte einen Wendepunkt – und zwar dort, wo ein Schwächerer einen Stärkeren durch eine List hereinlegt.

Semikolon: ein Satzzeichen (;), auch Strichpunkt genannt. Ein Semikolon trennt → Sätze voneinander; die Trennung zwischen den Sätzen ist bei einem Semikolon schwächer als bei einem Punkt, aber etwas stärker als bei einem Komma. Nach einem Semikolon schreibt man klein weiter.

Beispiel: Es ist spät; wir sollten umkehren.

Silbe: kleinster Baustein eines Wortes. Man kann bei jeder Silbe einmal klatschen.

Beispiele: Ba-na-ne, wun-der-voll

silbentrennendes h: Bei manchen Wörtern steht im Wortinnern ein silbentrennendes h, um die Grenze zwischen zwei → Silben zu kennzeichnen.
Beispiele: ge-hen, Ru-he, fä-hig

Singular: Einzahl.
Beispiele: Stuhl, Tisch, Apfel, Frau

sprachliches Bild: ein Bild, das man mit Worten „malt". Ein Sprachbild wird erzeugt, indem man Dinge aus verschiedenen Sachbereichen aufeinander bezieht. Durch sprachliche Bilder wird eine Darstellung sehr anschaulich.

Sprichwort: eine Lehre mit einem → sprachlichen Bild.
Beispiel: Lügen haben kurze Beine.

Strophe: ein Absatz in einem → Gedicht.

Subjekt: ein → Satzglied. Das Subjekt sagt, wer etwas tut. „Täter" kann eine Person oder eine Sache sein. Nach dem Subjekt kann man so fragen: *Wer oder was …?*
Beispiel: Die Sonne scheint. *Wer oder was* scheint? *Die Sonne.*

Suffix: → Nachsilbe.

Superlativ: die zweite Steigerungsform eines → Adjektivs. Man bildet den Superlativ, indem man die Endung *-(e)st* + *-e/-er/-es* hinzufügt.
Beispiele: bitter – bitter*ste*, dick – dick*ster*, traurig – am traurig*sten*

Tagebucheintrag: eine Textsorte. In einem Tagebucheintrag hält man nicht nur die Erlebnisse eines Tages fest, sondern auch die Gefühle und Gedanken, die einem im Zusammenhang mit diesen Erlebnissen gekommen sind.

Temporaladverbiale: ein → Satzglied. Mit einem Temporaladverbiale wird gesagt, wann etwas geschieht oder wie lange etwas dauert.
Beispiele: heute, seit gestern, zwei Wochen

Tempus (Plural: Tempora): Zeitform des → Verbs. Durch das Tempus wird ausgedrückt, ob etwas in der Gegenwart (→ Präsens), in der Vergangenheit (→ Präteritum, → Perfekt, → Plusquamperfekt) oder in der Zukunft (→ Futur I, → Futur II) geschieht.

treffende Wörter: Wörter, die als Bezeichnung für eine Sache genau und präzise sind.
Beispiel: Statt zu sagen: Ich *mache* einen Kuchen, sagt man: Ich *backe* einen Kuchen. (Das Verb *backen* trifft die Sache genauer.)

umarmender Reim: ein → Reim, bei dem ein → Paarreim von einem weiteren Reim „eingerahmt" wird (a b b a).
Beispiel: singen – Baum – Traum – klingen

Umlaut: → Vokal, über dem zwei Punkte stehen: *ä, ö, ü*. Die Punkte verändern die Aussprache der Vokale.

Umstellprobe: eine grammatische Probe. Man kann durch sie herausfinden, welche Wörter zu einem → Satzglied gehören.

Verb: eine → Wortart. Verben drücken aus, was eine Person (oder Sache) tut.
Beispiele: sprechen, singen, lachen

Vers: eine Zeile in einem → Gedicht.

Vokal: Selbstlaut. Vokale klingen ganz allein; sie brauchen keinen weiteren Laut, um gesprochen werden zu können.
Es gibt fünf Vokale: *a, e, i, o, u*.

Vorsilbe: eine → Silbe am Wortanfang.
Beispiele: beachten, verkaufen, gefährlich

Weglassprobe: eine grammatische Probe. Mit ihr kann man z. B. herausfinden, welche Wörter den Kern eines → Satzglieds bilden. Dadurch lässt sich das Satzglied leichter bestimmen.

Wortart: Es gibt verschiedene Arten von Wörtern. Wortarten sind z. B. → Nomen, → Verben, → Adjektive, → Artikel, → Präpositionen, → Pronomen, → Konjunktionen.

Wortfamilie: eine Gruppe von Wörtern, die miteinander verwandt sind. Alle Wörter, die zur selben Wortfamilie gehören, haben dieselben Familienähnlichkeiten, z. B. die Schreibung mit einem → Dehnungs-h oder einem → Doppelkonsonanten.
Beispiel: fahren, Gefahr, gefährlich, Fahrzeug, Fahrer, befahrbar …

Wortfeld: Wörter, die etwas Ähnliches bezeichnen, bilden ein Wortfeld.
Beispiel: Wortfeld „sagen": *sprechen, rufen, meinen, flüstern, antworten, mitteilen, erzählen, schreien …*

wörtliche Rede: Mit der wörtlichen Rede gibt man Wort für Wort wieder, was jemand gesagt hat. Die gesprochenen Worte werden in Anführungszeichen gesetzt. Um deutlich zu machen, wer die Worte gesagt hat, fügt man einen → Begleitsatz hinzu.

Beispiel: Eva sagte: *„Ich habe dich gern."*

Wortstamm: der „Kern" eines Wortes. Wörter, die auf den gleichen Wortstamm zurückgehen, bilden eine → Wortfamilie.

Zustandspassiv: eine Art von → Passiv, durch die ausgedrückt wird, dass durch eine Aktivität ein bestimmter Zustand erreicht worden ist.

Beispiele: Die Hausaufgaben *sind erledigt*. Die Mülleimer *sind geleert*. Das Fenster *ist geöffnet*.

Text- und Bildnachweis

Texte

S. 1: Rudolf Kippenhahn: Wofür wurde das Morsealphabet erfunden? In: Ders.: Streng geheim! Wie man Botschaften verschlüsselt und Zahlencodes knackt. Rowohlt Taschenbuch Verlag: Reinbek bei Hamburg 2002 (zitiert nach: Christoph Drösser (Hrsg.): Wie fragt man Löcher in den Bauch? Kinder erforschen das Universum. Rowohlt Taschenbuch Verlag: Reinbek bei Hamburg 2003, S. 81–83).

S. 5: a. a. O.

S. 15: Ulrich Janssen/Ulla Steuernagel: Wie es früher in der Schule zuging. In: Dies.: Die Kinder-Uni. Forscher erklären die Rätsel der Welt. Deutsche Verlagsanstalt: Stuttgart/München 2003[4], S. 190–195 (leicht gekürzt und stellenweise leicht geändert).

S. 33: Manfred Mai: Eine schöne Geschichte. In: Ders.: Mutmach-Geschichten. Maier: Ravensburg 1985 (leicht gekürzt).

S. 49: Bertolt Brecht: Die Vögel warten im Winter vor dem Fenster. In: Ders.: Ausgewählte Werke in sechs Bänden, Band 3. Suhrkamp Verlag: Frankfurt am Main 1997, S. 393.

S. 61: Tahar Ben Jelloun: Papa, was ist ein Fremder? Gespräch mit meiner Tochter. Rowohlt Verlag: Reinbek bei Hamburg 1999, S. 9–13 (leicht gekürzt und an einigen Stellen etwas verändert).

S. 73: Nach Babrios: Wolf und Lamm – Wolf und Reiher – Wolf und Hund. In: Reinhard Dithmar: Fabeln, Parabeln und Gleichnisse. Schöningh: Paderborn 1995, S. 108 f.

S. 82: Frei nach M. Luther: Vom Frosch und der Maus. In: Reinhard Dithmar, a. a. O., S. 165.

S. 83: Frei nach M. Luther: Stadtmaus und Feldmaus. In: Reinhard Dithmar (Hrsg.): Fabeln aus drei Jahrtausenden. Zürich: Manesse Bibliothek der Weltliteratur, o. Jg., S. 82 f.

S. 85: Renate Welsh: Der Erpresser. In: Hans-Joachim Gelberg: Menschengeschichten. Beltz & Gelberg: Weinheim 1975, S. 234.

S. 99: Willi Fährmann: Europa. In: Ders.: Das Feuer des Prometheus. Griechische Sagen neu erzählt. Arena Taschenbuch Verlag: Würzburg 2004, S. 38 ff. (leicht gekürzt und stellenweise geändert).

S. 113: Katharina Beckmann: Helfer bei Gewichtsproblemen: Waagen. In: GEOlino. Das Erlebnisheft, Nr. 2/2006, Gruner & Jahr: Hamburg.

S. 125: Peter Bichsel: Der Erfinder. In: Ders.: Kindergeschichten. Suhrkamp Taschenbuch Verlag: Frankfurt am Main 1997, S. 47 ff. (leicht gekürzt und stellenweise geändert).

S. 141: Gerhard Staguhn: Warum geht der Mensch aufrecht? In: Ders.: Warum fallen alle Katzen immer auf die Füße? … und andere Rätsel des Alltags. Carl Hanser Verlag: München/Wien 2002, S. 165–167 (leicht gekürzt).

Bilder

Umschlagbild: © Romolo Tavani/Shutterstock
Illustrationen: Friederike Großekettler – außer S. 49 und S. 141: Peter Kornherr
S. 2: © ullstein bild – NMSI/Science Museum / Science Museum
S. 16: Stich von J. M. Mettenleiter (um 1835) © Germanisches Nationalmuseum Nürnberg
S. 113: © James Steidl/Dreamstime.com
S. 117: © PASQ/Fotolia.com
S. 118: © ullstein bild – Herm